Isabelle Chazerans

Oser la rencontre

Récit de cinq années en cité

Éditions Emmanuel

Conception couverture : © Christophe Roger
Photographie de couverture : © Louise Hazelart
Composition : Soft Office (38)

89, bd Auguste-Blanqui – 75013 Paris
www.editions-emmanuel.com

ISBN : 978-2-35389-880-0

Dépôt légal : 1er trimestre 2021

Préface

Au cours des trente-deux années de ma carrière préfectorale comme sous-préfet puis préfet, les quartiers populaires, qu'ils se situent à Saint-Dizier, à Fort-de-France, à Saint-Denis de La Réunion, à Limoges ou à Poitiers, m'ont beaucoup mobilisé. J'ai visité des immeubles, des écoles, des centres sociaux, participé à des réunions, réparti des crédits, mobilisé élus et services, rencontré des responsables associatifs. Beaucoup a été fait par l'État et les collectivités locales pour améliorer ces territoires. Et pourtant, tous ces crédits, toutes ces compétences, toutes ces bonnes volontés, tous ces engagements sincères n'ont pas permis de soustraire ces quartiers aux trafics, à la délinquance ou encore à la prégnance de l'islam radical.

L'association Le Rocher, que j'ai eu la chance de rencontrer à l'occasion de l'installation de l'antenne de Nîmes, m'a convaincu qu'une nouvelle approche était nécessaire.

Beaucoup d'acteurs impliqués et compétents œuvrent dans les quartiers : bénévoles et salariés d'associations, travailleurs sociaux, enseignants, policiers. Ils font un travail remarquable. Mais le soir et les fins de semaine, ils ne sont plus là, profitant d'un repos plus que mérité. Les responsables, salariés, volontaires et bénévoles du Rocher, eux, sont là, tout simplement parce qu'ils vivent dans les mêmes logements sociaux que les habitants, qu'ils fréquentent les mêmes commerces, que leurs enfants vont aux mêmes écoles. « Vivre avec » est la première règle d'action du Rocher, la deuxième étant « Oser la rencontre ». Cela change tout. Mieux connaître chacun, mieux comprendre chaque personne dans son histoire, sa culture, ses croyances grâce aux liens de voisinage et au partage permet ensuite de grandir et de bâtir ensemble. Le principe de laïcité, pilier de notre République, que Le Rocher, association catholique d'éducation populaire, respecte très scrupuleusement, a été conçu pour faire vivre ensemble des gens d'origines, de cultures et de croyances très diverses. Il doit aussi permettre d'aller à la rencontre de l'autre avec respect et bienveillance, pour construire une société plus juste, plus apaisée, plus tolérante. Isabelle et Pierre se sont engagés avec Le Rocher dans cette voie, qui n'a rien d'un long fleuve tranquille, au nom de leur amour pour leur pays et de leur foi. Je souhaite à beaucoup de mes ex-collègues de rencontrer d'autres Pierre et Isabelle pour les aider dans leur mission au service des quartiers populaires.

Yves DASSONVILLE
Préfet de région honoraire

À Pierre,

Sans sa ténacité et sans l'énorme travail qu'il a fourni, ce témoignage n'aurait jamais vu le jour. Pour les commodités de l'écriture, il s'est effacé lors de l'ultime rédaction mais ceux qui l'ont déjà lu reconnaîtront souvent sa plume. Il aurait mérité bien plus que moi de signer cet ouvrage qui lui doit tant et auquel il tenait tellement. Qu'il soit ici amoureusement remercié de la part immense qu'il a prise à ce travail.

Saison 1

Mais quelle mouche les a donc piqués ?

Aix-en-Provence – Paray-le-Monial, 2003… 2014

[…] habituer tous les habitants, chrétiens, musulmans, juifs et idolâtres, à me regarder comme leur frère universel. Non en parole mais en actes.

CHARLES DE FOUCAULD

Mais quelle mouche les a donc piqués ? C'est la question que se sont sans doute posée nos amis aixois et nos proches quand nous leur avons annoncé, à la fin du printemps 2014, notre décision d'aller nous installer dans les quartiers difficiles.

Mais quelle mouche l'a donc piqué ? C'est la question que je me suis moi-même posée en 2003 quand Pierre, mon époux, m'a dit, plein d'enthousiasme après une rencontre qui l'avait marqué :

– Il faut aller vivre en cité !

Il rentrait d'une grande foire à la rencontre à Toulon où sa voisine de table lui avait raconté qu'elle vivait en cité. Armée de son seul sourire, elle disait avoir vu changer en quelques mois la physionomie de la cage d'escalier. Pour Pierre, cela avait été une illumination : c'est ça qu'il fallait faire, pour notre pays et parce que notre foi nous invite à ce genre de radicalité. En fait d'illumination, je l'ai pris pour un illuminé !

Cela tombait pour moi comme un cheveu sur la soupe : nous venions de finir de rembourser les emprunts de la maison, nos cinq aînés entamaient leur vie d'étudiants, Pierre poursuivait sa carrière de DRH dans une boîte où il était apprécié, je venais de réussir le Capes de lettres classiques et j'avais repris un plein-temps d'enseignement dans mon lycée, nous avions encore à la maison nos deux dernières. Bref, notre vie me paraissait bien remplie, j'aimais vivre à la campagne et le temps me semblait venu de profiter du charme de la vie en Provence et de souffler un peu !

Rien ne m'avait préparée à aller vivre en cité : j'avais passé mon enfance aux pieds de la tour Eiffel, dans l'un des plus beaux quartiers de Paris et mes vacances étaient partagées entre mes grands-parents paternels et maternels dans de vastes propriétés du sud de la France où nous menions entre cousins une vie qui n'avait pas tellement changé depuis la comtesse de Ségur.

Pour Pierre, c'était un peu différent : né en Tunisie dans une famille française qui s'y était installée avant même le protectorat, il y avait passé ses cinq premières années qui ont forgé en lui une appétence certaine pour le Maghreb. Par ailleurs, son père, officier, né à Souk-Ahras en Algérie, lisait, écrivait et parlait couramment l'arabe qu'il avait étudié dès le lycée. Muté à Constantine, son père a emmené sa famille en Algérie. De ses cinq années algériennes, Pierre parlait peu ; le retour en métropole avait été douloureux. Il gardait très peu de souvenirs : les larmes de son père, venu annoncer à sa maîtresse d'école leur départ imminent, le trajet vers l'aéroport, escorté par l'armée française, les sanglots des passagers de l'avion et surtout, à Marseille, l'accueil haineux de manifestants communistes fustigeant l'arrivée des « sales colonialistes ».

Nous sommes en 1962, il a dix ans et déjà, sans qu'il sache le formuler, le guette la nostalgie de cette terre lumineuse d'Afrique où sa famille laisse tant et tant de d'hommes et de femmes qu'elle avait appris à aimer en quatre générations nées là-bas.

Cet ancrage était pour Pierre tellement prégnant qu'il avait choisi de me faire découvrir la Tunisie pour notre voyage de noces en 1978. L'un de ses oncles avait mis à notre disposition sa belle maison d'Hammamet d'où nous avions rayonné à moto. Pour moi, qui n'avais jamais traversé la Méditerranée, le dépaysement était complet. Arrivés en plein ramadan par une chaleur écrasante, j'avais été impressionnée de découvrir un monde d'hommes dont beaucoup passaient la journée à dormir en plein air et j'avais trouvé désagréables les regards appuyés qu'ils jetaient à la jeune Occidentale que j'étais. Bref, malgré le parfum entêtant du jasmin qui me grisait, je ne m'étais pas sentie tout à fait à mon aise dans ce pays, ce qui avait d'ailleurs peu d'importance, tout occupés que nous étions l'un de l'autre !

Vingt-cinq ans plus tard, travaillé par le désir de retrouver ses racines, Pierre négocie un contrat à Tunis. Par chance, j'obtiens un congé sabbatique pour préparer par correspondance mon agrégation de lettres classiques et je le rejoins avec notre dernière fille, l'avant-dernière ayant été confiée à des cousins.

Nous passons une année de rêve dans notre maison de Sidi Bou Saïd. Je découvre le pays de l'intérieur. Nous vivons avec les habitants et les contacts sont faciles. Dire bonjour dans la rue à l'inconnu est ici naturel et surprend agréablement les Occidentaux que nous sommes. L'accueil est chaleureux. Moi qui n'ai pas grande expérience du monde maghrébin, je suis vraiment séduite et touchée par certaines attentions délicates, comme celle de cet inconnu qui, la veille de Noël, frappe à la porte pour m'apporter une grosse branche de pin :

– Je sais que c'est une grande fête pour vous aujourd'hui. *Aïd mabrouk* – bonne fête, j'apporte le sapin.

Ou par celle du commerçant devant chez qui j'avais laissé pendant trois jours notre voiture, vitres ouvertes et sac à main bien en vue :

– Tu sais, je surveille ta voiture, ça risque pas pour ton sac.

Et puis nous découvrons le fait d'être en « minorité religieuse ». Quelques chrétiens au milieu de musulmans et une belle facilité à nouer le contact, à dialoguer. Dans l'ancienne cathédrale Saint-Louis de Carthage, une exposition sur saint Augustin organisée par le ministère de la Culture tunisien nous surprend. Pour les musulmans, avant d'être un saint, c'est un Berbère. Le ministre, avec qui nous parlons, nous explique qu'il appartient à l'histoire du pays et que l'État s'enorgueillit de le compter dans son patrimoine. Un ami algérien nous apprendra plus tard qu'il en est de même dans son pays : « Augustin est d'abord algérien. » Les deux nous disent l'importance de l'apport des religions à la construction de l'humanité. Ces petites expériences de dialogue interreligieux nous laissent entrevoir le champ immense et potentiel de la fraternité qui pourrait exister en France si on le développait.

Quelques mois avant notre départ en Tunisie, nous avions créé un groupe d'étude de l'islam et, avec des amis, nous nous réunissions une fois par mois à Aix-en-Provence pour en développer tel ou tel aspect. Un soir, nous faisons connaissance d'une petite religieuse algérienne qui a tout quitté, famille, amis, pays, pour entrer chez les Petites Sœurs de Charles de Foucauld. Elle a dans les yeux l'image de son père musulman, contemplant la nuit, méditant et priant aux portes du désert. « C'est par lui, nous dit-elle, que j'ai pris conscience de la transcendance de Dieu. » Elle nous fait découvrir Charles de Foucauld dont la conversion radicale est née du contact avec « ces croyants qui, vivant dans la continuelle présence de Dieu, font entrevoir quelque chose de plus grand et de plus vrai que les occupations mondaines ». Pierre est fasciné par son désir d'imiter la vie cachée de Jésus, l'humble et pauvre ouvrier de Nazareth. Fasciné par sa volonté d'« habituer tous les habitants, chrétiens, musulmans, juifs et idolâtres, à [le] regarder comme leur frère universel. Non en parole mais en actes ». Fasciné par sa mort, assassiné au fond du Sahara si près de ses frères touaregs et si seul, lui qui voulait créer une congrégation. Après sa mort, tout a fleuri ! Ils sont des milliers de religieux et de religieuses à l'avoir rejoint dans le don de leur vie à son idéal de fraternité.

C'est ainsi que peu à peu, à mon insu, j'apprends à me familiariser avec le monde musulman et à faire tomber mes peurs. Mais je suis encore loin de me douter de la tournure nouvelle que va prendre notre vie !

Longtemps après notre retour de Tunisie, je découvre, au hasard de la lecture d'un article dans la presse hebdomadaire, l'existence du Rocher, une association qui propose à de jeunes volontaires d'habiter au cœur des cités et des quartiers populaires français pour accompagner les jeunes et leurs familles. L'évidence me frappe : rejoindre une association catholique d'éducation populaire qui existe depuis plus de quatorze ans un peu partout dans l'Hexagone et « oser la rencontre, choisir l'espérance » au sein d'une équipe, c'est autre chose que de partir tout seuls en cité ! Je glisse l'article à Pierre :

– Ça devrait t'intéresser. Ton idée d'aller vivre en cité, d'autres le font déjà.

En août 2011, nous assistons à l'envoi en mission de notre fille Pascaline. Du haut de son mètre cinquante-cinq, à la fin de ses études de sage-femme, elle décide de donner deux ans de sa vie, au fin fond de la République démocratique du Congo, dans le cadre d'une association qui s'appelle Fidesco. Et nous contemplons, médusés, émus, soixante jeunes hommes et jeunes filles de 20 à 25 ans qui, dans la lumière de leur belle jeunesse, annoncent l'un après l'autre le pays dans lequel ils sont envoyés et la mission spécifique qu'ils vont y réaliser. Il y a même dans leur promotion des familles avec leurs enfants et deux couples de retraités qui s'engagent pour deux ans à tout quitter pour servir dans une destination lointaine. Ceux-là, quelle mouche les a piqués ? Je suis marquée par le choix de notre fille, et s'insinue alors en moi une vague idée d'engagement dans une mission un peu radicale…

Au mois de juillet 2013, à Paray-le-Monial, en Bourgogne, me revient avec force ce désir de Pierre de vivre en cité. En moi j'ai comme un remords de l'avoir mis sous cloche. Peut-être ai-je été trop souvent une empêcheuse de rêver en grand, moi qui, plus d'une fois, ai éteint ses enthousiasmes pour le ramener à la réalité du quotidien ? Il s'est beaucoup investi pour me donner, et donner à ses enfants une existence confortable mais je sens qu'il a besoin d'autre chose, de voir plus haut et plus large. Et puis, me revient aussi, et en boucle, la demande pressante du pape : « L'Église est appelée à sortir d'elle-même et à aller vers les périphéries, pas seulement géographiques, mais également celles de l'existence. »

Juste avant Noël 2013, je ne m'attendais pas à ce que Pierre me dise un soir d'épuisement professionnel :

– J'ai décidé de démissionner!

Je suis catastrophée; j'ai pris ma retraite – qui ne pèse pas bien lourd après une carrière en pointillé – et notre dernière est encore lycéenne; à 61 ans, il est peu probable que Pierre retrouve du travail. Je lui fais part de mes inquiétudes et lui demande comment il voit l'avenir immédiat. Visiblement, il n'a pas réfléchi à la question. Après un moment d'arrêt sur image, il bredouille en reculant d'un pas:

– Eh bien, on n'a qu'à partir au Rocher.

Le coup de kalachnikov qu'il attendait de ma part ne vient pas. Je réfléchis un instant mais au fond de moi, je sais que je suis prête et, dans un grand sourire qui le stupéfie, j'ose:

– Oui, c'est le moment de partir en cité.

J'aurai mis plus de dix ans à essayer de faire taire la petite voix tout au fond de moi qui m'avait bousculée plus que je ne le pensais et me poussait à sortir de mon confort, avant de déclarer forfait! Pierre me regarde, incrédule, la bouche ouverte. Son air interloqué semble dire: « Décidément, je ne comprendrai jamais rien à ma femme! »

Si, pour moi, le choix du Rocher était clair, Pierre, curieusement, s'est alors mis à rétropédaler!

– Et si l'on partait plutôt à l'étranger?...

Trois pas en avant, trois pas en arrière! Il lui faudra un peu de temps pour accepter que son désir profond devienne réalité!

Mais une fois la décision prise à deux, tout s'enchaîne très vite: son PDG accepte son départ à condition qu'il lui laisse le temps de lui trouver un remplaçant. Et le directeur du

Rocher nous confie, amusé, que cela fait plusieurs mois qu'il espère qu'un couple de seniors vienne expérimenter en cité la présence de « cheveux blancs » dans une équipe.

En avril 2014, il nous confirme son accord pour salarier Pierre au Smic comme adjoint d'un responsable d'antenne, le temps qu'arrive l'âge de son départ à la retraite. Va pour le Smic, même si c'est un peu dur à avaler ! Sur son conseil, nous visitons l'antenne du Rocher de Marseille pour essayer de découvrir ce qu'est cet organisme et ce qu'il fait en cité. Nous grimpons les étages et sommes accueillis par « ceux du 11e étage », Amaury et son épouse Marie-Alix. Ces parents de quatre très jeunes enfants sont responsables de l'antenne marseillaise. Amaury a écrit un livre qui retrace leur expérience de responsables d'antenne en cité[1].

Nous y rencontrons Claire, une sœur consacrée lumineuse qui, la première, est partie en cité à la fin de l'année 1999 pour y vivre les prémices du Rocher. Nous sommes émerveillés et confortés dans notre choix. À cette époque, l'association compte sept antennes. Du coup, je réfléchis au lieu où j'aimerais être envoyée en mission. N'importe où, mais surtout pas aux Mureaux, cité pour moi lugubre d'où sont parties il n'y a pas si longtemps des émeutes qui ont fait trembler la France !

En août 2014, nous rejoignons à Paray-le-Monial l'équipe du Rocher pour une semaine de formation à la fin de laquelle chacun reçoit son affectation. Le couperet tombe : ce sera pour nous… Les Mureaux !

---

1. Amaury Guillem, *Ceux du 11e*, Paris, Éd. du Cerf, 2014.

Avec les autres volontaires, chacun à tour de rôle, nous indiquons à une assemblée nombreuse réunie sous une immense tente blanche nos prénoms et le lieu où nous partons. Quand c'est le tour de Pierre, il dit :

– Pierre et Isabelle. Avec l'accord de nos sept enfants, nous partons pour servir aux Mureaux et apprendre à aimer.

Il se tourne alors vers moi :

– Apprendre à aimer ? Pourquoi ai-je dit cela ?

À ce moment-là, je sais que notre destination importe peu et que l'incroyable se réalise : en septembre 2014, nous allons partir en cité. Et partir ensemble ! C'est cela, l'essentiel !

Saison 2

On découvre!

Les Mureaux, septembre 2014 – août 2015

Nous devons renoncer délibérément
à tout désir de contempler le fruit de notre labeur,
accomplir seulement ce que nous pouvons,
du mieux que nous le pouvons.

MÈRE TERESA

Cité, nous voilà!

L'été 2014 a été chargé et compliqué. Nous fermons notre maison d'Aix. Entre les opérations de clôture de notre vie aixoise, le tri des affaires à emporter ou à laisser et, source d'engueulades conjugales, celui des papiers et des dossiers (en trente-six ans de mariage, on accumule!), l'ambiance est parfois tendue. Enfin, après avoir bourré « ras-la-gueule » deux voitures, nous partons.

Ce 4 septembre 2014, j'ai l'estomac noué. La réalité me frappe en arrivant, une fois passé le hall d'entrée. Il traîne dans la cage des relents de cuisine exotique qui ne me sont pas familiers, agrémentés d'odeurs d'évacuations et de poubelles. Dans l'escalier en colimaçon, j'éclate en sanglots :

– Pierre, mais qu'est-ce qu'on fout là ?

Tout est allé trop vite et je suis épuisée. Pierre tente maladroitement de me consoler :

– T'en fais pas, tu verras, ça sera bien.

Mais le cœur n'y est pas vraiment.

Dans un silence ponctué de mes reniflements, nous continuons notre ascension, quand surgit d'un palier un adorable petit lutin noir de 6 ans qui s'écrie, tout joyeux, en pointant son doigt vers nous :

– Le Rocher !

– Oui, répondons-nous en chœur.

– Alors on va jouer !

Le moral remonte. Il faut savoir que l'animation de rue est l'activité historique du Rocher : jouer avec les enfants dans la rue, donner des règles, exprimer la joie, connaître les familles par les enfants, créer du lien. Et puis deux Blancs dans l'escalier, ça ne peut être que Le Rocher !

Reste à découvrir l'appartement ! Bras dessus, bras dessous, tels de jeunes mariés, nous y entrons. Tour de piste de la nouvelle maîtresse de maison. Un reste de sanglot, un regard circonspect sur le mobilier démodé, les housses de clic-clac redoutables et je commence la liste de ce dont je souhaite me débarrasser et des travaux de rafraîchissement qu'il va falloir entreprendre pour relooker l'appartement. Ouf, ça va mieux ! Et puis l'aide d'Hervé, un voisin, pour finir de monter les derniers cartons, la pizza *hallal* avalée au restaurant *Crousty Time* – « Ouala, c'est mieux en anglais », nous dit le patron –, la gentillesse des gens du quartier et un soleil presque aixois dissipent tout.

L'orage est passé, la vie est belle… et bien dépaysante : pourquoi aller à l'étranger ? On a le monde entier dans la cité. Pourquoi partir dans des pays éloignés pour découvrir l'islam ? On est en terre d'islam.

Savoir rester discrets…

Le lendemain, en rentrant de mes premières courses alimentaires à la supérette toute proche, je vois Pierre engager la conversation avec plusieurs enfants :

– Et toi, tu t'appelles comment ?

– Zakarias, m'sieur !

– Et tu es en quelle classe ?

– En CE1, m'sieur !

– Alors, tu sais lire ?

– Oh oui, m'sieur !

Un grand éclat de rire interrompt l'échange. C'est Ali, 5 ans, le petit frère :

– M'sieur, l'écoute pas, il sait pas lire !

C'est ainsi que nous faisons la connaissance d'une petite bande de « pieds nickelés » juste en bas de chez nous. Ils sont adorables, veulent nous aider à monter nos courses, savoir si nous sommes riches ou pauvres, pourquoi nous venons nous installer ici et, l'enfance reprenant le dessus, si nous n'aurions pas quelques bonbons à leur donner.

C'est la même petite bande, grossie d'une trentaine de frimousses du voisinage, que nous retrouvons peu après autour des volontaires du Rocher venus nous initier à l'« animation de rue », en étant pour eux des « adultes-repères », comme disent les spécialistes. Nous voici donc devenus éducateurs de rue et nous craquons pour ces gamins tour à tour turbulents, attentifs, impertinents, charmeurs ou boudeurs. Je vois Pierre jouer à la balle aux prisonniers et courir en tenant un enfant par la main. Comme je déteste courir et que les plus petits ne suivent pas le rythme, je les prends avec moi et leur propose des coloriages. Instant magique où ils sont tout à leur activité et s'appliquent à colorier le dessin qu'ils ont choisi. Plutôt des Spiderman ou des chevaliers pour les garçons et des princesses pour les filles. La Reine des neiges remporte tous les suffrages !

Charmée par ce premier après-midi au milieu des enfants, je sors mon appareil photo quand Montand[1], notre responsable d'antenne, fonce sur moi :

– Planque ça, m'intime-t-il.

1. Tous les prénoms des personnes rencontrées en cité ont été modifiés afin de préserver leur anonymat.

Devant mon air interloqué, il m'explique :

– Tu avais dans le viseur l'entrée de l'immeuble où se passe le trafic. Si l'un des dealers te voit en train de le prendre en photo, ça peut très mal tourner et tu ne reverras plus ton appareil !

Je remballe mon appareil, sidérée du contraste entre cette pelouse où des enfants jouent à des jeux innocents et la proximité du point de deal, en bas d'un immeuble semblable au nôtre. Je perçois confusément que la frontière entre ces deux mondes ne doit pas être bien étanche et que les dealers de demain sont peut-être ces enfants que nous faisons jouer aujourd'hui.

Quelques jours après, l'une des volontaires en service civique[1] de l'association, accompagnée de notre stagiaire élève de l'École polytechnique, décide d'aller rendre visite à une famille signalée par l'ancienne équipe. Leurs pas les mènent précisément devant la cage d'escalier qu'il ne fallait surtout pas prendre en photo. Surprise : la porte d'entrée est cadenassée et les vitres sont masquées par des cartons. Ils frappent quand même. Une voix peu amène aboie :

– Qui êtes-vous ? Qu'est-ce que vous voulez ?

Au mot « Rocher », la porte s'entrouvre sur un jeune cagoulé :

– C'est bon. Allez-y. Vous pouvez monter !

---

1. Le service civique est un engagement volontaire au service de l'intérêt général, ouvert à tous les jeunes de 16 à 25 ans, sans condition de diplôme, étendu jusqu'à 30 ans pour les jeunes en situation de handicap ; seuls comptent le savoir-être et la motivation. Par ailleurs, Le Rocher accueille des jeunes de 18 à 30 ans, ayant un statut de « volontaires associatifs ».

Nos deux jeunes n'en mènent pas large mais cette mésaventure illustre parfaitement la place du Rocher pour les habitants du quartier, y compris pour les dealers qui savent que nous ne sommes pas des délateurs et apprécient de voir que nous prenons soin de leurs petits frères et sœurs.

Ces premiers contacts avec le trafic seront suivis de beaucoup d'autres. Quelques jours après notre première animation de rue, je suis invitée à participer à mon premier « café des femmes » où se mélangent femmes de la cité de toutes origines ethniques et religieuses, jeunes volontaires de l'association en service civique et bénévoles venues de villes voisines comme Poissy ou Saint-Germain-en-Laye, voire Versailles. La conversation tourne ce jour-là autour de l'importance des marques dans les tenues vestimentaires. Fatiha est stagiaire au Rocher, elle a 20 ans :

– Et toi, Fatiha, qu'est-ce que tu en penses ?

Elle nous répond alors qu'il est impensable de sortir à Paris sans se mettre sur son trente-et-un et être chaussée de chaussures à… 700 euros ! Les Versaillaises et moi-même crions ensemble :

– Des chaussures à ce prix-là ?

J'apprends par la suite que ses frères aînés sont dans le trafic de drogue et la gâtent outrageusement ! Quant aux parents, eux aussi bénéficient de l'argent du trafic. Madame, dont je ferai bientôt la connaissance, a manifestement eu recours plusieurs fois à la chirurgie esthétique, et monsieur est très fier du « château » qu'il est en train de se faire construire au bled.

Combien de familles bénéficient de l'argent du trafic ? Même après cinq ans passés dans trois cités difficiles de trois villes différentes, nous sommes incapables de le savoir, conscients que nous n'avons vu que la partie émergée de l'iceberg, la partie immergée, la plus importante, étant restée opaque à nos yeux. Si les locataires des immeubles où se passe le trafic ne disent rien, c'est tout simplement parce que les dealers les tiennent par la menace ou en payant en partie loyers ou dettes… Et si la police débarque, ceux-ci savent pouvoir se réfugier dans n'importe quel appartement.

La police intervient d'ailleurs assez peu. Comme je m'en étonne auprès d'un commerçant, celui-ci me dit :

– Comme vous, j'avais remarqué des choses bizarres, des voitures de luxe en bas de mon immeuble et comme vous, je me suis aperçu que tout le monde était au courant. Un jour j'ai interpellé un policier de ma connaissance : « Qu'est-ce que vous attendez pour intervenir ? » et celui-ci m'a répondu : « Tu te sens en danger ? – Non. – Tes enfants peuvent-ils circuler librement ? – Oui. – Tu as déjà assisté à des bagarres ? – Non. – Eh bien, tu vois : ils font la police dans le quartier, et nous on n'a pas les moyens de faire aussi bien. »

Alors on laisse beaucoup de jeunes se perdre. Hamza a quitté l'école à 12 ans et s'est fait harponner par de plus âgés : « Si tu guettes tu gagneras du flouze. » D'une canette de jus, on passe à une paire de Nike ou à un petit billet pour rapporter de la viande à la maison. La maman laisse faire au début. Comme elle a fichu à la porte son mari alcoolique, elle a du mal à faire vivre sa famille et à tout gérer seule. Un beau jour, on propose à son fils un premier joint puis on le tient par là. Il guette, il s'abrutit de shit et les années passent. Il alerte la bande si la police se pointe. Un jour guetteur, un jour avec la sacoche qui sert à gérer le stock de doses et la monnaie. Aujourd'hui il a 17 ans, est passé à la cocaïne, traîne jusqu'à 2 ou 3 heures du matin, ne se lève jamais avant midi, s'engueule avec ses sœurs qu'il traite de « putes » parce qu'elles ne portent pas le voile alors qu'elles suivent, elles, une scolarité normale et ont une vie réglée, commet de petits larcins, des vols, des cambriolages… Il fait le désespoir de sa mère qui remue en vain ciel et terre pour le sortir de là. Quand elle demande au juge de le sortir de la cité, on lui répond qu'on ne peut faire de placement sans l'accord du jeune et qu'il n'est pas encore assez délinquant pour qu'on puisse l'obliger à quoi que ce soit !

Au risque de paraître pessimiste, nous craignons que la plupart des jeunes du trafic n'aient du mal à en sortir ; d'une part parce que la drogue semble détruire les « neurones de la volonté » : beaucoup sont des velléitaires qui disent parfois désirer quitter le réseau mais ne prennent pas les moyens de le faire (peut-être et même sans doute se sentiraient-ils alors menacés) ; d'autre part parce que, lorsqu'on a goûté à l'argent facile, il est compliqué de se mettre au travail pour gagner beaucoup moins. Souleiman, 28 ans, avait envie d'une vie normale. Quand il a su que la formation que Pierre lui avait trouvée était rémunérée 800 euros par mois, il a éclaté de rire :

– Mais moi, frère, avec le trafic, je gagne plus en une journée !

Que lui répondre qui tienne la route ?

Il court, il court, le cafard…

Au moment de notre installation aux Mureaux, nous sommes huit membres de l'association à vivre dans quatre appartements, le nôtre, celui du responsable d'antenne et de sa famille, celui des volontaires filles à deux pas de chez nous et celui des garçons un peu plus loin. Ils ont tous un point commun : les cafards ! Et la nuit, ça gambade allègrement. Si je me lève pour boire un verre d'eau et que j'allume la lumière, ça grouille et le branle-bas est amusant à voir. Je n'avais jamais vu de cafard et j'imaginais un insecte beaucoup plus grand et plus menaçant. Les nôtres sont à peine plus gros que des fourmis et se baladent le long de l'évier sans jamais s'attaquer aux provisions. Bref, je m'en accommode assez bien et pour un peu, je les trouverais sympathiques ! Ce qui n'est pas l'avis de tout le monde.

Pierre me raconte sa première réunion de quartier. Elle se passe au centre social. À l'ordre du jour : l'élaboration du projet social 2015-2019 de la cité. Ces projets sociaux déterminent les actions et investissements à réaliser pour et dans le quartier. Les habitants nous ont dit que le précédent projet (2011-2014) avait été mené sans concertation et que cela avait créé de l'exaspération : beaucoup n'ont pas compris l'utilité d'un pôle social à 17,5 millions d'euros alors que 35 % de la population est au chômage.

Dans la salle se retrouvent des représentants de toutes les institutions et associations locales, et beaucoup d'habitants du quartier, des femmes pour l'immense majorité, magnifiques dans leur plus beau boubou. Discours des élus, slides, exposés techniques, considérations sociologiques, budgets, perspectives se succèdent… Les femmes africaines ne bronchent pas.

– Et maintenant, Mesdames et Messieurs, si vous voulez bien poser vos questions.

L'une d'elles se lance :

– Je suis d'accord avec le projet mais le problème, c'est qu'il y a toujours les cafards dans la maison.

La réunion s'anime. Les femmes accusent, les représentants des organismes d'HLM (les « bailleurs ») répondent pied à pied, les élus se font tout petits, le directeur technique essaie de rehausser le débat… C'est Pagnol en Afrique. Apothéose au moment où la discussion s'essouffle : une maman se lève. Silence, c'est la présidente du comité de quartier. Elle lève son index pour souligner son propos :

– Les cafards, c'est rien. Le problème, c'est les chats qui se reproduisent dans les garages souterrains qui sont murés. Quand les femelles sont en chaleur, c'est invivable.

Applaudissements nourris des autres femmes. Elle se rassied. Alors se lève le représentant d'un bailleur :

– Au risque de mettre le feu, je me dois de vous dire que lors de ma dernière inspection des garages, je n'ai vu aucun chat.

La salle s'enflamme dans un délire de rires, d'invectives aimables et de mimiques estomaquées. *In fine*, couvrant les voix, l'intervenante conclut :

– Dommage que les chats ne mangent pas les cafards !

Et l'on passe au partage du verre de l'amitié. Dans un coin de la salle, le directeur technique, abasourdi, réfléchit intensément au temps qu'il a passé à préparer son brillant exposé…

Si facilement accueillis…

Après l'animation de rue et le café des femmes, nous voilà partis pour une matinée de porte-à-porte. Pierre, qui aime le contact, n'y voit pas d'obstacle. Pour moi, c'est beaucoup plus difficile : je suis nouée d'angoisse mais grande est ma surprise de constater que les portes s'ouvrent facilement, que des habitants prennent souvent le temps d'une conversation plus ou moins prolongée sur le seuil et qu'on nous fait même parfois entrer pour partager une collation. Cela me semble incroyable et m'interroge : moi-même, dans mon quartier, si un inconnu sonnait à ma porte, l'idée de l'inviter à prendre un café ne m'aurait jamais effleurée !

Cécile, une femme d'une quarantaine d'années, d'origine africaine, nous ouvre son appartement et, *ex abrupto*, nous raconte sa vie de femme battue pendant de nombreuses années :

– Tous les soirs je me blottissais au fond de mon lit, attendant, apeurée, que mon mari qui rentrait saoul me tabasse.

Un soir, pour lui échapper, elle se défenestre. À l'hôpital où elle se remet lentement des blessures occasionnées par sa chute, les services sociaux l'accompagnent pour la protéger vers une séparation de fait et lui trouvent un appartement indépendant. Mais quelques mois plus tard, la tristesse de ses enfants de ne plus revoir leur père la conduit à reprendre la vie conjugale jusqu'au jour où elle se rend compte qu'il frappe ses propres enfants. Elle décide alors d'une séparation définitive et désormais se démène seule pour eux, tout en s'occupant en même temps de ses parents malades. Elle travaille dans le paramédical, souvent de nuit, et déploie une énergie pour s'en sortir qui force l'admiration. À terme, son rêve serait de quitter la cité pour offrir à ses enfants l'accès à un enseignement de meilleur niveau et un environnement moins toxique. Elle est une amie très chère et je m'étonne encore de la confiance immédiate qu'elle m'a accordée : en la connaissant mieux, j'ai découvert une femme plutôt solitaire, en tout cas très indépendante et qui ne donne pas facilement son amitié. Celle-ci m'est d'autant plus précieuse ! En la quittant le jour de notre première rencontre, je m'effondre en larmes dans les bras de Pierre. Ce qu'elle nous a raconté nous a bouleversés et confirme ce qui nous avait été dit : ces trois dernières années, trois femmes se sont défenestrées aux Mureaux pour échapper aux coups. Une par an… Il se trouve que nous avons rencontré Cécile le jour de la Journée de la femme. Ce qu'elle a vécu me paraît si insupportable que, moi qui me méfie du militantisme récupéré à des fins idéologiques, j'arbore aussitôt un ruban blanc et pars rejoindre le défilé qui dénonce les violences faites aux femmes !

Quelques mois plus tard, nous faisons la connaissance d'une femme qui, elle aussi, nous ouvre sa porte et son cœur. Elle est normande de Normandie, voilée, a épousé un Kabyle et s'est convertie à l'islam. Nous la reverrons souvent. Elle nous apprendra qu'elle vient d'une famille athée et qu'elle a découvert Dieu en fréquentant son futur mari. Sous des dehors faussement enjoués, je perçois qu'elle est souvent triste. Nous découvrirons peu à peu ses difficultés conjugales et familiales, ses démêlés avec son mari, son désarroi devant certains de ses enfants, aussi difficiles et imprévisibles qu'attachants, et elle aussi deviendra une amie très fidèle.

Une autre fois, nous sonnons à une porte d'un immeuble voisin en fin de journée. Un homme de couleur nous ouvre. Il parle à peine notre langue mais avec un grand sourire, il nous fait signe d'entrer et de le suivre dans le séjour où il s'assied à même le sol, devant un énorme plat fumant. Toujours par gestes, il nous invite à nous asseoir et à partager son repas. Il nous tend deux grandes cuillers mais lui-même piochera dans le plat à pleines mains. Je me sens complètement dépaysée et souris intérieurement en pensant à mes parents issus d'un milieu où l'on se changeait avant le dîner et où l'on ne se servait pas des mêmes couverts pour des plats différents ! Mais qu'à cela ne tienne, nous mangeons de bon appétit le délicieux « poulet yassa » accompagné de riz et de sa savoureuse sauce aux oignons, touchés par l'accueil tout simple qui nous est fait et par le sens du partage qu'il révèle.

Nos porte-à-porte nous permettent de nous familiariser avec les habitants de notre quartier, originaires très majoritairement d'Afrique noire, ce qui m'enchante car j'ai toujours ressenti une attirance pour les Africains… à la grande inquiétude de mes parents, terrifiés à l'idée que je m'amourache de l'un d'eux mais qui ouvraient pourtant leur porte à ceux, croisés à la fac ou dans le métro, que je leur amenais souvent à l'improviste !

Le Maghreb est représenté par une forte communauté de Berbères marocains et il y a bien sûr beaucoup d'autres nationalités disséminées un peu partout. Sur notre palier par exemple se trouve une famille turco-afghane et, bien qu'ils partagent avec la majorité de leurs voisins la même religion, nous les sentons très isolés et quelque peu marginalisés. La maman nous offrira souvent des crêpes ou un gâteau mais nous ne ferons qu'entr'apercevoir leur appartement, où ils élèvent cinq enfants dans un dénuement apparent qui serre le cœur.

Par le porte-à-porte, nous découvrons des appartements très inégalement tenus : certains habitants sont confortablement installés, d'autres manquent de tout, laissent pendre des lambeaux de papier peint déchiré et, lorsque le chauffage n'est pas collectif, ne se chauffent pas ou très peu pour ne pas augmenter les charges. Mais il y a dans chaque logement au moins un grand écran de télévision, allumé en permanence, où se succèdent séries américaines, françaises, indiennes ou plus souvent arabes et aussi, dans les familles pieuses, la noria des pèlerins autour de la Kaaba sur fond de psalmodies du Coran. Car nous sommes dans un monde essentiellement musulman.

Bien sûr, il y a aussi dans la cité des familles chrétiennes, originaires des dom-tom ou d'Afrique noire pour la plupart, mais elles sont très minoritaires. Néanmoins ce sont elles qui font de la communauté chrétienne qui se réunit le dimanche dans l'église du quartier une communauté vivante, chantante, dansante… et bigarrée ! Car les « vieux Gaulois », comme nous les appelons, sont devenus très rares dans le quartier : venus s'installer quand les bâtiments étaient encore neufs ou presque, la plupart ont quitté le quartier et ceux qui restent font souvent peine : des problèmes de santé, notamment psychique, de surendettement, d'addictions, d'éclatement familial les ont fragilisés et les ont empêchés de partir.

Nous sommes aussi étonnés du nombre de personnes obèses ou diabétiques. Cela s'explique en grande partie par la consommation très importante de boissons gazeuses et de sodas très sucrés, de pâtisseries, de goûters tout faits pour les enfants et par de mauvaises habitudes culinaires et alimentaires. Combien de fois, au café de rue, il sera mis deux, trois, voire quatre sucres dans la petite tasse de café ou de thé que l'on propose ! Beaucoup de familles vivent de la reconnaissance d'un handicap lié au diabète de la mère ou du père, donnant droit à une allocation pour adulte handicapé. Et puis, conséquence ou circonstance, la surconsommation médicale nous paraît étonnante.

Investir aux Mureaux !

Nos premiers pas hors de chez nous, pour aller faire nos courses, pour nous présenter au voisinage ou pour rejoindre le local de l'association dans le quartier de la Vigne-Blanche qui jouxte celui des Musiciens, nous permettent aussi de nous familiariser avec notre nouvel environnement. Les cités ont des noms sympathiques : les Musiciens, la Vigne-Blanche, les Bougimonts, Bécheville. Dans la moyenne surface toute proche, le rayon *hallal* est particulièrement développé même s'il côtoie d'assez près le rayon charcuterie de porc ; ce porc est, en revanche, totalement absent du marché hebdomadaire, pourtant important. Sur le plan vestimentaire, on n'y trouve que des robes longues et des foulards en tout genre pour cacher les cheveux. Quant aux commerces regroupés au cœur des différentes cités qui se succèdent à partir de la nôtre sur environ deux kilomètres, ils ressemblent plus à des souks qu'aux commerces traditionnels de nos bourgs français.

Le dépaysement est donc complet : nous avons vraiment l'impression d'être partis à l'étranger. Non sans humour, une association locale avec laquelle nous sympathiserons projette d'ailleurs de faire des Mureaux une destination touristique avec pour accroche : « Pourquoi partir au bout du monde quand l'Afrique est à vos portes ? »

Par ailleurs, dès nos premiers déplacements, nous avons été frappés par le nombre d'appartements dont la plupart des fenêtres ont été murées par des parpaings pour empêcher les squats. Quand tous les habitants d'une tour ou d'une barre auront été relogés, l'immeuble sera détruit. C'est ainsi que nous assistons, très vite après notre arrivée, au « grignotage » par une grue monumentale d'une barre proche du local du Rocher. C'est impressionnant : en quelques semaines, l'énorme mâchoire de l'engin avale le béton avec une efficacité incroyable ; les déchets sont évacués et bientôt le terrain est labouré et la place, laissée libre pour l'aménagement d'une future « coulée verte ». Car les fonds débloqués notamment par la loi Borloo, au titre de la politique de la ville, pour la rénovation urbaine permettent de changer le quartier à une vitesse incroyable ! Après quelques mois passés aux Mureaux, émerveillés par toutes les améliorations apportées au cadre de vie des habitants, il nous est arrivé de dire à nos enfants :

– Si vous voulez investir en région parisienne avec un petit budget, investissez aux Mureaux !

Après les émeutes de 2005, des fonds très importants ont été débloqués pour les banlieues avec, pour résultat, des subventions pour les centres sociaux, des postes d'éducateurs, de médiateurs et d'agents divers, des chantiers d'insertion où certains habitants sont employés à temps partiel pour entretenir l'espace public. Que se passera-t-il lorsque les subventions s'arrêteront ? Quand il n'y aura plus d'agents d'entretien pour ramasser les canettes, les papiers ou détritus jetés par terre, les habitants utiliseront-ils soudainement les poubelles mises à leur disposition et dont certains, et notamment les enfants, ignorent manifestement l'existence ou l'utilité ? Visiblement, certains locataires sont devenus des assistés à qui tout est dû : propreté, peinture, entretien... Les notions de tri sélectif, d'utilisation de déchetteries, d'éducation des enfants aux gestes d'écologie de base font trop souvent cruellement défaut ! Quelques parents donnent eux-mêmes le mauvais exemple : papiers jetés par terre, encombrants déposés n'importe où, poubelles balancées par la fenêtre... La seule sanction que nous ayons vue affichée dans un hall : une amende collective intégrée aux charges de l'immeuble. Mais a-t-elle été suivie d'effet ? La participation aux élections des délégués d'immeubles dépasse rarement les 15 % et, souvent, ce sont ceux qui votent le moins qui râlent le plus !

Nous sommes installés depuis une quinzaine de jours quand nous participons à notre premier « tour des halls ». Montand et Valmond sont là. Valmond est un ancien volontaire maintenant salarié du Rocher qui continue à habiter au cœur du quartier. Il fourmille d'idées et d'initiatives, particulièrement en direction des grands jeunes. Montand et lui connaissent parfaitement le terrain, les codes et sauront, petit à petit, nous aider à nous familiariser avec eux.

À ce moment-là nous sommes surtout excités et un peu inquiets. Adrénaline quand tu nous tiens ! Nous allons peut-être rencontrer de vrais trafiquants de drogue ! Notre motivation est plus liée à la curiosité qu'au souci de la rencontre et du cœur-à-cœur. Ce soir-là, en fait de trafic, nous passons deux bonnes heures à discuter avec quatre grands jeunes très sages dont deux, en djellabas blanches, font penser à des séminaristes ou à des missionnaires. Ils sont accompagnés de Pierrot, vieil habitant du quartier, qui nous explique l'évolution du coin depuis quarante ans, avec le béton qui a peu à peu gagné du terrain. Il nous raconte comment les différentes cités du quartier ont été construites à côté du bourg ancien, sur de bonnes terres agricoles qui l'entouraient. Outre leur aspect soviétiforme et déshumanisé, elles avaient l'inconvénient au début de n'être pas, peu ou mal desservies, sans commerces de proximité, sans services publics.

Mais il nous apprend aussi qu'après la Seconde Guerre mondiale, seuls 5 % des logements français disposaient de toilettes et d'une salle de bains privés. Pour les 95 % restants les commodités étaient, au mieux, sur le palier. Les cités construites alors représentaient un immense progrès : le nombre de mètres carrés affecté était calculé par habitant, les appartements étaient chauffés et équipés de toilettes privées, d'une salle de bains et d'une cuisine avec eau courante chaude et froide, etc. En fait, le grand confort pour l'époque ! Les cités construites alors avaient pour vocation d'offrir un logement décent à des ouvriers, des employés ou des cadres de l'industrie. Leur ont succédé des rapatriés d'Algérie, puis des immigrés et, de plus en plus aujourd'hui, des migrants.

Il témoigne du temps heureux où une vraie convivialité existait entre les habitants ! C'était l'époque, nous dit-il, « où il y avait un peu de vrais Français, un peu d'Arabes, un peu de Juifs, un peu de Portugais, un peu d'Espagnols, un peu d'Italiens », ajoutant que « l'Arabe du troisième, il mangeait le couscous kasher de la Juive du premier, avec les légumes rapportés du marché par l'Italienne du septième. Maintenant, ajoute-t-il, désabusé, on met ensemble les Arabes avec les Arabes, les Noirs avec les Noirs. C'est dommage ».

Oiseaux de nuit

Au cours de nos premières tournées, nous faisons connaissance des « minoritaires » qui occupent le terrain la nuit et tissons patiemment et lentement avec eux des liens de confiance. Oiseaux de nuit, on les appelle les « grands jeunes ». Ils peuplent certains halls d'immeubles de leur soif d'aimer et d'être aimés qu'ils croient trouver dans leurs amitiés délétères, leurs discussions bruyantes, leurs trafics, leur alcool. Ils font peur : rares sont les habitants des cages d'escalier ainsi occupées tard dans la nuit qui protestent, et aucun n'ose porter plainte pour tapage nocturne. Nous allons à leur rencontre pour leur montrer, par notre présence et l'intérêt que nous leur portons, qu'ils ont de l'importance à nos yeux. L'accueil est toujours chaleureux ; ça n'était pas le cas pour les premiers volontaires en 2010. C'est Montand qui avait courageusement lancé les premières expériences : « T'es flic toi, casse-toi ! », s'était-il entendu répondre.

Certains des grands jeunes que nous croisons, ou qui fréquentent Le Rocher, ont vraiment des mines patibulaires et se sont donné des noms qui font sourire… ou frissonner : « PDG », « Abou Portant », « Barbar », « Guindé », « Bitume », etc. Naguère nous n'aurions pas aimé les croiser la nuit au coin de notre rue. Mais malgré leur casier judiciaire et leur bracelet électronique, nous nous apercevrons vite que ce sont souvent de grands enfants blessés. La rencontre est parfois facile mais en plein trafic, au pied de leurs immeubles, ils ont une grande facilité à nous dire fermement : « Cassez-vous, on bosse. » À l'inverse, dans une autre cité où nous avons vécu, ils comptent en toute impunité les billets et les doses devant tout le monde et l'on passe au milieu d'eux sans qu'aucun s'en offusque. Comme si la vente était libre !

C'est au cours d'une de nos premières tournées que nous avons rencontré Aymen. Il a 28 ans, deux enfants, de nombreuses comparutions devant les tribunaux et plusieurs années de prison au compteur. Ce soir-là, il débarque au local. Visage fermé, capuche sur la tête. Il s'assied. En fait, il s'avachit sur une chaise en face de Montand. Pierre est dans la même pièce devant un autre bureau. Commence alors la litanie des salutations:

– Ça va?

– Tranquille.

– Et toi?

– Tranquille.

– Et toi, Pierre?

– Ça va Aymen, toi aussi?

– Tranquille.

– Il fait froid aujourd'hui.

– Oh, oui, très froid.

– C'est la merde!

– Oui, c'est la merde.

– Il fait trop froid.

Etc. Parfois, et souvent, en fait de conversation, on enfile des lieux communs entrecoupés de gros éclats de rire lorsqu'une réflexion drôle, ou censée l'être, est faite. Ce jour-là, Aymen est sombre.

– Les frères, j'suis dans la galère.

Il vient de recevoir une nouvelle convocation pour un jugement.

– Bâtards de juges. Ils t'oublient pas! Trois ans après ils te retrouvent. C'est des enc...

– Qu'est-ce qu'ils te veulent Aymen ?

– Conduite sans permis.

– Aymen, je serais ton père, je te mettrais un coup de pied au derrière.

Aymen fait un grand sourire :

– Tu aurais passé ta vie à me mettre des coups de pied !

Et il nous raconte, au début sur un ton de gloriole, l'enchaînement de ses bêtises.

– Mais à quel âge as-tu commencé ?

Le sourire devient triste et disparaît. Il se lâche :

– À 12 ans. Une console de jeux à Carrefour et le vigile m'a chopé.

Et il égrène sa vie. Vol, violence, drogue, bagarre, caillassage, infractions en tout genre. Le triste catalogue de la vie d'un jeune perdu. Nous l'écoutons. Visiblement, il mesure le temps gaspillé. Long silence :

– Personne pour me dire « C'est pas bien. » Tu sais, mon frère, quand j'ai commencé les bêtises, j'avais pas un Rocher à côté de moi !

Il nous tord le cœur ! Un Rocher à côté de lui. Sur lequel s'appuyer. Nous mesurons le talent gâché :

– Maintenant, j'en ai marre, je veux m'en sortir, mener une vie normale, avoir ma famille, un boulot.

Je suis bouleversée par sa misère. Lorsqu'il part, Montand nous dit combien c'est rare qu'un jeune se livre ainsi. En grande majorité, ils sont dans le déni et la (fausse) satisfaction de soi. Dans le fond d'eux-mêmes, ils se méprisent ! Quand ils parlent comme Aymen l'a fait ce soir, c'est que le moment est venu pour eux de « mettre de l'ordre ».

Quand la patience est mise à rude épreuve...

Au retour des vacances de la Toussaint, aidés des jeunes volontaires du Rocher et des bénévoles, nous commençons les séances d'accompagnement à la scolarité. Le local de l'association est envahi : plus de quatre-vingt-dix enfants ou adolescents sont inscrits ! De 17 à 18 heures, on reçoit les primaires et, de 18 à 19 heures, les collégiens et lycéens. À 19 heures, l'équipe du Rocher, les bénévoles et nous nous retrouvons pour un débriefing. La stupéfaction le dispute à l'agacement ou à l'hébétude. J'ai le souvenir d'une vague d'enfants surexcités, joyeux et prêts à tout sauf à faire leurs devoirs. Des décisions stratégiques s'imposent. Demain : en rang par deux, plus de bruit, chacun s'assied à la place qui lui est dévolue. Non mais !

« Aïe, ma mère », comme on dit ici. Il nous faudra deux mois pour y parvenir. Et encore, à condition que l'un de nous fasse l'adjudant-chef. Non pas que les enfants soient incapables de sagesse mais ils sont heureux d'être au Rocher où ils se sentent aimés.

À nous de leur faire découvrir les exigences de l'amour qu'on leur porte. Pour sa part, Pierre ne brille pas par sa patience. Expliquer que deux fois trois égalent à trois fois deux relève pour lui de l'exploit. Résultat, sur la petite feuille où l'on apprécie le travail fait, il les assassine : « Nul », « Ne comprend rien », « Devrait pouvoir comprendre ce qu'on lui apprend »... Heureusement, il y a le débriefing. Montand, notre responsable d'antenne, le reprend gentiment :

– Pierre, tu n'as rien compris. Il ne s'agit pas de noter la performance, mais d'apprécier la qualité de l'effort fourni par l'enfant, sa volonté au travail et sa disposition. Et, en tout cas, de le valoriser, de lui montrer qu'on ne le juge pas mais qu'on l'accompagne. Et qu'on l'aime.

En clair : « Cher enfant, tu m'as exaspéré, tu as mis ma patience à rude épreuve, tu m'as obligé à trouver en moi des trésors de calme et à maîtriser mon énervement, tu m'as fait comprendre que je ne comprends rien à toi. Mais tu es formidable parce que toi, de ton côté, tu as persévéré, tu as accepté que je te répète dix fois que si ta maman te demande d'aller acheter trois fois deux pommes, tu rapporteras le même nombre de pommes que si tu en achètes trois en deux fois. Tu es vraiment bien, mon enfant. »

L'aide aux devoirs est une source intarissable de joies, d'énervements et... d'anecdotes. Le hasard me conduit à m'occuper de Mehdi, 8 ans, au regard plus que malicieux.

– Mehdi, deux fois huit ?

Et Mehdi, bouille ronde adorable, de se gratter le menton en réfléchissant puis de plonger dans son cartable et d'en sortir une calculette.

– Non, Mehdi, de tête !

Sourire espiègle et réaction immédiate :

– Oh, mais tu me veux du mal !

Nouvelle séance d'aide aux devoirs avec Mehdi, mon petit lutin malicieux.

– Mehdi, tu lis les mots syllabe par syllabe, en posant ton doigt sous chaque syllabe.

Et Mehdi de lire :

– Le – ba – teau, la – chai – se…

Mais aussi, et beaucoup trop à mon goût, d'anticiper sans aller jusqu'au bout du mot :

– La – ma – ni… velle…

… Au lieu de : « la manipulation ». Je prends un ton sévère :

– Mehdi, ça suffit ! Maintenant, tu arrêtes d'inventer la fin des mots. Concentre-toi !

Et mon Mehdi de lire syllabe par syllabe, correctement, jusqu'au moment où le naturel l'emporte et où il m'invente un mot qui n'est absolument pas celui qu'il doit lire. J'interviens avec une grosse voix :

– Mehdi, ça ne va pas !

Réponse immédiate, avec un joli sourire :

– Ah non, ça ne va pas. Il y a un problème.

Voix grave :

– Bien Mehdi, c'est quoi le problème ?

Sourire plus accentué du garçon :

– Le problème, c'est le ton de ta voix !

Pierre se voit confier l'accompagnement à la scolarité d'un ado de 13 ans, Brahim, en quatrième au collège du lieu. Ce garçon est intenable et nous décidons de l'exclure des séances collectives d'aide aux devoirs et de le suivre « à domicile ». Pierre s'y colle avec beaucoup d'appréhension. Le garçon ne tient pas en place, il est adulé par sa mère qui lui passe tous ses caprices en s'arrachant les cheveux. Son père a jeté l'éponge :

– En France, tu ne peux pas taper les enfants, je le laisse à sa mère !

C'est donc parti pour une série de séances douloureuses où Pierre oscille entre l'envie de se tordre de rire :

– Brahim, quelle est la date de la nuit du quatre août ?

– Euh, ben, euh… le vingt-six septembre 1789.

– Brahim ! la-nuit-du-quatre-août !

– Euh… ben… euh… ah, oui, le quinze novembre.

– Brahiiiiiiiiim !!!!

– Ah pardon, le treize décembre ?

… Et l'envie de tordre le cou du garçon, qui est tout de même en quatrième.

– Brahim, cinq fois huit ?

– Euh, tu m'as dit cinq fois combien ?

– Cinq fois huit.

– Ah, cinq fois huit, eh bien… cinq fois… combien tu m'as dit ?

De guerre lasse, nous rencontrons le conseiller principal d'éducation du collège. Sans ses parents.

– Brahim, à la fin de l'année, on le vire. On n'en peut plus et on n'en veut plus !

– Mais que va-t-il devenir ?

– Ce n'est plus notre problème. On a tout essayé. Les parents ne suivent pas, la mère est en adoration devant son fils. Nous, c'est le collège et on ne sait pas être les parents en même temps.

Nous rentrons dépités. Que va-t-il devenir ? Une proie pour la rue ? Pierre s'aperçoit qu'en fait, ce sont les parents que nous devrions prendre en soutien à domicile. Le gamin se couche à l'heure qu'il veut, regarde la télé jusqu'à 2 heures du matin ou ment comme il respire : qui mieux que ses parents peut l'aider à s'améliorer ? En revanche, ses deux sœurs doivent, elles, obéir !

Il tente donc le conseil conjugal séparé ! Madame de son côté, monsieur du sien. Avec trois petites demandes : que Brahim soit couché à 21 heures au plus tard, que la télé soit éteinte pendant le travail et les repas et qu'il mange quelque chose au réveil. Le temps aidant l'amitié à s'installer, Pierre propose à madame de son côté et à monsieur du sien un dîner en couple avec nous. Ils en acceptent, madame de son côté, monsieur du sien, le principe. Quelque temps après donc, dîner au restaurant chinois avec les parents. Trois heures sympas, à parler de cuisine tunisienne (un peu), de la Tunisie (beaucoup) et de Brahim (énormément). *In fine*, nous tombons d'accord sur deux règles, de base et impératives : la première étant que le papa et la maman agissent en concertation et en cohérence. Il faut en finir avec l'un qui dit, accorde, refuse ou donne le contraire de ce que l'autre avait dit, accordé, refusé ou donné ! La seconde étant que l'autorité est détenue et exercée par les parents. Ce n'est pas Brahim qui décide ce qu'il veut faire en matière de scolarité, de couchage, de repas ou de sorties!

Las! Trois jours après, alors que Pierre s'apprête à rejoindre l'appartement familial pour une séance d'aide aux devoirs, coup de fil de la maman:

– Ah, Pierre, Brahim me charge de te dire qu'il ne sera pas là, il préfère aller au foot.

Dans sa tête reviennent les mots que prononçait en arabe son père[1] quand il était contrarié: « On vit dans un monde de fous! »

« La vie d'ma mère, si les copines me voient! »

C'est notre premier 11 Novembre en cité. Nous revient en mémoire le cimetière militaire de Gammarth en Tunisie, visité il y a dix ans: des centaines de tombes de soldats morts de 1905 à 1954. Côte à côte: « Mohamed Benzoug, 20 ans, mort pour la France », « Jean Gontier, 20 ans mort pour la France », « Mamadou Zumgabe, 21 ans, mort pour la France », « Hoài Xuân N'Guyen, 19 ans, mort pour la France ». Venus des quatre coins du monde, frères d'armes réunis par la mort. Le 11 Novembre a vraiment un sens pour les enfants des cités. Leurs aïeux, venus d'Afrique, sont morts dans la fleur de leur

1. Son père a appris l'arabe littéraire au lycée de Constantine. Jusqu'à la fin de ses jours, chaque occasion de parler l'arabe était pour lui une source de grand bonheur. Son cœur est resté en Algérie depuis 1962.

jeunesse pour la France. Français non par le sang reçu mais par le sang versé.

Il faut amener nos enfants des cités à la cérémonie. Pour leur montrer que le lien qu'ils ont avec la France est bien antérieur à leur arrivée ou à celle de leurs parents en métropole. Pour la leur faire connaître. La leur faire aimer. Nous en parlons à l'équipe et nous voilà partis vers le monument aux morts avec une trentaine d'enfants et d'adolescents. Les plus grandes tiquent un peu lorsqu'il s'agit de suivre le cortège derrière les officiels (« La vie d'ma mère, si les copines me voient! ») mais la bonne humeur reste la plus forte. Sonnerie, discours, gerbes : les enfants sont finalement très recueillis. Et au retour, posent beaucoup de questions.

Tu es qui, toi ? Tu connais le terrain ?

Pendant ce premier trimestre au sein du Rocher, nous avons découvert et participé aux animations de rue, aux cafés des femmes, aux porte-à-porte, aux tournées des halls, aux séances d'aide à la scolarité, il nous reste, parmi bien d'autres initiatives, à découvrir trois activités régulières de l'association : les cafés philo, les cafés de rue et les repas « saveurs du monde ».

C'est Montand qui a eu l'idée des cafés philo au cours des visites de halls :

– Tu es heureux, toi, de la vie que tu mènes ? De ton trafic ?

– Wesh frère, c'est quoi le bonheur ?

– Eh bien, viens avec tes potes en discuter !

Le café philo initial a démarré un an plus tôt avec quelques grands jeunes pas peu fiers d'être invités à philosopher, et un intervenant extérieur, un philosophe connu. Depuis, c'est Valmond qui a repris le flambeau avec brio. L'idée est que les jeunes décident du thème qu'ils veulent aborder. Cela se fait lors d'une tournée de rue quelques jours avant la réunion. Ce soir, c'est notre premier café philo. Nous parlons de la « contradiction ». Un avocat a été invité comme grand témoin. Au passage, il héritera, *gratis pro Deo*, de deux clients en délicatesse avec la justice ! Son rôle n'est pas d'animer mais d'amorcer l'échange. Il ne s'agit pas en effet de donner des cours de philo mais de laisser les jeunes s'approprier le sujet. Les seules règles, c'est qu'on ne coupe pas la parole et qu'on ne commente pas l'intervention du voisin. Il n'y a pas confrontation mais échange d'idées, d'avis, de sentiments. On peut ne pas être d'accord mais on le dit sans vouloir avoir absolument raison. Ce doit être paisible et respectueux pour que de vraies et belles pépites puissent jaillir des cœurs.

Mais ce soir-là, les choses ne se passent pas tout à fait comme prévu : la discussion peine à démarrer quand entre dans la salle un grand Black prénommé Ahmed, en état d'ébriété. Accompagné de trois amis, il va torpiller la soirée, interrompant les échanges, demandant toutes les cinq minutes à l'avocat :

– Tu es qui toi ? Tu connais le terrain ?

Que faire ? Montand, notre responsable d'antenne, tendu comme une corde d'arc, prend le jeune à part et l'accompagne dehors une première fois. Mais il revient. Pierre, très énervé, va alors vers lui et lui explique, en essayant de ne pas montrer son agacement, qu'il nous dérange et qu'il vaut mieux qu'il sorte. Montand l'accompagne à nouveau dehors et demande à ses amis de le calmer. La discussion reprend et prend un tour imprévu :

– Dieu ne peut pas sauver ceux qui se conduisent mal !

Ça devient intéressant.

– Si tu bois de l'alcool, frère, Allah il te maudit !

Las ! Notre ami bourré revient. Petit à petit les gens s'en vont. La soirée fait « pschitt ».

Au débriefing, Pierre explose :

– Un mec bourré, ça n'est pas tolérable. Montand, tu aurais dû le virer une fois pour toutes ! De toute façon, demain il ne se souviendra de rien.

– Pierre, tu n'as rien compris.

Et Montand nous explique que Le Rocher, c'est l'accueil inconditionnel de l'autre, quel qu'il soit, qu'il faut l'accueillir comme il est, avec ses faiblesses, ses limites, ses pauvretés. L'exclure à cause de ses faiblesses, de ses limites, de ses pauvretés, c'est rompre la rencontre. Celui qui est venu ce soir, peut-être ne se souviendra-t-il de rien, mais ses trois amis, eux, auraient vu qu'on le rejetait. Aimer, c'est ouvrir son cœur à l'autre tel qu'il est et non pas tel que je veux qu'il soit.

Petit clin d'œil du bon Dieu : quand nous partons, le jeune est encore là, debout derrière la porte. Moins bourré. Il vient vers Pierre : ouille, ouille, ouille ?

– Pierre, j'ai mis le bronx ce soir… je te demande pardon.

Il le fait pleurer, ce bourricot ! Alors, pour la première fois de sa vie, Pierre serre un grand Noir balèze dans ses bras et l'embrasse sur le front comme il embrasserait l'un de ses fils.

Petit à petit, nos relations avec lui permettront de développer la confiance. Au point qu'un jour, Ahmed demande à Pierre d'accompagner un « frère » (traduire : un copain) qui est convoqué au tribunal de Versailles. Il prend sa voiture, récupère Ahmed, son copain et… trois autres passagers qui proclament, en s'asseyant dans la voiture sans y être invités :

– Wesh, mon frère, on a à faire à Versailles.

En fait, ils n'ont rien à y faire. L'audience est décalée de deux heures. Du coup, Pierre emmène sa joyeuse troupe dans les jardins du château. Ils débouchent sur les bassins où les statues de nymphes dévêtues s'offrent au regard de ses chers zèbres. C'est alors un concours d'exclamations graveleuses qui le gênent un peu. Heureusement, ils ne sont entourés que de Japonais qui ne semblent pas parler le français.

– Ô frère, regarde celle-là, comme j'm'la ferais bien !

– Vise un peu la poitrine. La vie d'ma mère, je mets les mains.

Et puis, miracle de la grandeur du lieu et de la solennité de l'espace, les remarques diminuent puis s'arrêtent et la contemplation commence. Peu à peu, ils s'émerveillent. La restauration du bassin d'Apollon les intéresse tout particulièrement. Ils s'exclament à nouveau bruyamment mais, maintenant, c'est de beauté et d'harmonie qu'ils parlent. Pierre n'a pas à les encourager, cela vient tout seul. Il les regarde, empreints d'une gravité souriante qu'il ne leur connaissait pas et, taquin, les interpelle :

– Eh, les mecs, vous avez une âme!

Ça les fait sourire. Merci Louis XIV.

Quand il pleut, tout le monde prend la pluie!

Premier « café de rue » : chaque semaine, l'association pose une table dans un coin du marché avec du café, des jus de fruits, des gâteaux :

– Bonjour, puis-je vous offrir un café? Un thé? Un jus de fruits? Ça vient du cœur!

L'automne touche à sa fin et il fait froid : proposer une boisson chaude est d'autant plus apprécié. Très souvent, l'étonnement fait place au sourire et la rencontre peut avoir lieu. Des discussions anodines, amusantes, sérieuses ou profondes s'ensuivent. C'est une belle occasion de voir nos amis de la cité faisant leurs courses, de faire de nouvelles connaissances, de parler et de discuter. Évidemment, très vite la question nous est posée de savoir pourquoi nous offrons une collation. C'est incroyable le nombre de personnes qui se réjouissent de notre présence en cité et de notre désir de montrer qu'on peut vivre ensemble. Systématiquement, un doigt pointe le ciel :

– C'est Dieu qui nous a faits. Tous, musulmans, juifs, chrétiens!

Ils sont nombreux à regretter qu'il y ait si peu d'union ou de communion :

– Frère, quand il pleut, tout le monde il prend la pluie!

Ils nous confortent dans l'idée que nous ne sommes pas en cité devant un bloc identitaire, monolithique, et que beaucoup de musulmans sont ouverts à la rencontre et au dialogue.

Au cours de ces cafés de rue, est exprimé de façon récurrente le regret que chacun reste chez soi, dans sa communauté. Beaucoup d'anciens nous disent qu'au bled, avant, tout le monde vivait ensemble, musulmans, juifs ou chrétiens. Les gens s'invitaient, gardaient les enfants les uns des autres, partageaient leurs plats. C'est Fadilah qui m'explique qu'elle a découvert le communautarisme en France :

– Je suis arrivée en 1978 et, ce qui m'a beaucoup étonnée, c'est cette façon que vous avez de juger les gens : « racistes » ou « pas racistes ». Comme si c'était le seul critère ? J'ai vu que, loin d'empêcher le racisme, ça mettait des barrières entre les communautés. C'est pas bon ça !

Et elle ajoute :

– S'il y avait plus de gens comme vous dans le monde, il n'y aurait plus de guerres.

C'est un tantinet exagéré mais ça fait plaisir !

Après les cafards, les puces…

Au petit matin, tout dort encore dans la cité et je me réveille avec l'extrémité des membres parsemée de piqûres qui me démangent terriblement :

– Pierre, j'ai été piquée par des puces.

Pierre, réveillé en sursaut, n'a pas été piqué et se rendort sans croire un instant à la réalité du problème. Pendant plusieurs nuits, je me gratte en râlant, pestant et maudissant un bataillon de puces que Pierre pense imaginaires. Il faudra attendre plusieurs nuits pour que les sales bestioles daignent goûter au derme plus coriace de mon mari qui se fait dévorer à son tour et prend enfin la mesure de l'invasion! Aux grands maux les grands remèdes: achat de bombes et de fumigènes antipuces! Nous bombardons, nous enfumons!

Las... au petit matin, piqûres et grattements ont repris de plus belle. Nous passons aux grands moyens: inspection du moindre recoin, lavage des draps, taies et couvertures, même le sommier à lattes est passé au crible, bombes ultra-performantes! Mais elles résistent. Nos nuits sont infernales.

Un soir, dans la salle de bains, Pierre découvre une petite boîte en carton ouverte décorée d'une photo de chat. Intrigué, il décrypte: «Collier antipuces pour chat!» Non, elle n'a pas osé? Il court dans la chambre et, atterré, me voit tranquillement en train de lire, adossée à mes oreillers... un collier antipuces pour chat autour du cou!

– Eh oui, lui dis-je avec un charmant sourire destiné à désamorcer toute remarque négative de sa part.

Et c'est parti pour de longues nuits en litière pour chat... Mais quelques jours plus tard, au cours d'une réunion d'équipe, j'ai soudain la tête qui tourne violemment. Ça ne m'est jamais arrivé et il me semble que ça dure une éternité. Autour de moi, c'est l'affolement. Heureusement, mon malaise prend fin et la réunion peut se poursuivre. Je ne peux m'empêcher d'incriminer le collier de chat ; j'avais pris le plus puissant : deux cent vingt jours d'efficacité garantie, sinon remboursée. Je pense avoir, en quelques jours, fait une overdose ! Exit donc le collier antipuces.

De rage, Pierre nous débarrasse de nos oreillers en plume et, miracle, tout semble rentrer dans l'ordre. Elles se planquaient là-dedans, les garces. À l'abri des bombes, des inspections, des fumigènes. Et même du collier de chat !

Des étoiles dans les yeux

Notre premier Noël en cité approche et nous participons pour la première fois à un repas « saveurs du monde ». Le principe est simple : chacun confectionne un plat de son pays et l'apporte. La salle est bientôt trop petite et déborde de bonne humeur. Nous rejoignent des bénévoles de l'association, venus de villes voisines. Tous s'éparpillent autour des tables. Le lendemain, Zohra, une Marocaine, nous dit avec des étoiles dans les yeux qu'elle a été très touchée d'avoir eu pour voisin un avocat et d'avoir pu parler avec lui de sa famille et de ses soucis :

– Tu te rends compte : mon voisin de table était avocat et on a parlé comme si on se connaissait ! Jamais je n'aurais cru que ça m'arriverait !

Quand je pense que nos gouvernants se font mal à la tête pour chercher des solutions de mixité sociale ! Henri IV avait exigé la « poule au pot », notre président devrait imposer le repas « saveurs du monde »...

Petit bémol. Les voitures brûlent le soir de Noël. Même devant le local du Rocher...

Nous sommes là depuis quatre mois et nous rencontrons aussi des difficultés : rythme trop intense, activités et rencontres permanentes. La fatigue se fait sentir. Par ailleurs, l'équipe n'est pas encore rodée, trop de choses se font dans l'urgence. Cela engendre des insatisfactions et des crispations. Pour y remédier, Montand nous a initiés au partage en équipe. À tour de rôle, et lui comme les autres, chacun s'exprime. La règle est simple : pas de commentaire, pas de conseil, pas de débat. Chacun expose ce qu'il vit, demande éventuellement pardon, accepte une demande de pardon. Ce que nous partageons concerne nos façons d'être et de faire et nous touchons à l'intime de nos personnalités, avec nos défauts et nos faiblesses. Nous nous efforçons de mettre les mots justes sur des soucis réels. Sans rancœur, sans méchanceté, sans remarques désobligeantes. Dans la paix. Trois jeunes stagiaires, une chrétienne et deux musulmanes, ont assisté récemment à l'un de ces partages en équipe. Au début, je me suis posé la question de savoir s'il était opportun qu'elles soient là. Une fois le partage terminé, leur regard pétillait et elles nous ont dit leur joie d'y avoir participé. Aborder des points relationnels difficiles, voire très difficiles et se dire les choses, en vérité, sans acrimonie ni crispation : de mon point de vue, elles ont été scotchées. Pierre aussi d'ailleurs, qui me dira regretter de n'avoir pas proposé cette méthode en entreprise quand il était DRH!

Je suis Charlie

En ce début d'année 2015, une communauté éducative nous accueille près de Grenoble pour notre seconde session de formation. Nous sommes soixante-dix membres du Rocher. Ici, dans ce lieu reculé de montagne, nous commençons à comprendre le mot « fraternité ». En cité, le mot « frère » est suremployé : « Frère, as-tu vu Mahmoud ? », « frère » par-ci, « frère » par-là… Au début, ça nous agaçait. Mais, pendant les cinq jours que nous allons vivre, le mot va s'incarner. Nous sommes seuls comme au bout du monde, à 800 mètres d'altitude, en haut d'un col peu fréquenté. Nous vivons ensemble une mission commune au cœur de chacune de nos cités. Nous sommes entourés des mêmes immeubles en béton, nous rencontrons des habitants de mêmes conditions, nous sommes confrontés aux mêmes situations, nous vivons une même vie d'équipe. Nous comprenons lentement que nous sommes habités par le même souci d'aimer. En montagne, sans réseau pour nos mobiles, nous sommes dans une bulle de beauté, de silence et de paix…

Mais le monde va brutalement nous rattraper : vers la fin de la session, le 8 janvier à 7 heures du matin, Pierre croise la personne chargée de l'accueil du centre. Le ton grave, elle se penche vers lui et lui dit à voix basse :

– Je suis Charlie.

Encore dans son sommeil, étonné, Pierre lui sourit et se dit : « Tiens, je croyais qu'il s'appelait Gilles. » Un peu plus tard dans la matinée, un panonceau « Je suis Charlie », posé sur la porte de son bureau, lui fait comprendre qu'il s'agit d'autre chose. Et là, brutalement, nous apprenons l'impensable : l'assassinat la veille, au nom d'Allah, de journalistes de *Charlie Hebdo*.

La fin de la session se déroule dans un climat tendu : quelle va être l'ambiance dans nos cités respectives ? Nos amis musulmans auront-ils le courage de dénoncer la barbarie de ces actes ? Sur le chemin de notre retour aux Mureaux, les radios commentent la manifestation parisienne. Un million, deux millions, trois millions, jusqu'à quatre millions de participants, tout un pays qui dit paisiblement son refus de la violence. Dans la voiture, nous restons néanmoins inquiets de la réaction des habitants de la cité.

Le lendemain nous sommes au Rocher. Nous réunissons nos stagiaires, filles et garçons de la cité, de 17 à 20 ans, pour essayer de discuter et découvrir leurs réactions, que nous espérons indignées :

– Qu'est-ce que vous en dites, les jeunes ?

Unanimes :

– C'est pas l'islam ça !

Nous leur demandons :

– Est-ce que vous dénoncez ou est-ce que vous approuvez ?

Silence, quelques désaveux gênés. Peur de parler en public ? Indifférence ? Que pensent-ils au fond d'eux-mêmes ? Nous insistons :

– À votre âge, n'avez-vous pas envie de vous révolter contre ceux qui tuent au nom de Dieu ?

Nous n'arrivons pas à les faire réagir ! Individuellement, dans le cœur-à-cœur, ils se révoltent. Collectivement, non ! La peur du jugement des autres est encore plus prégnante dans le monde musulman où l'on s'exprime rarement, en public, sur tout ce qui touche à la communauté. À peine nos stagiaires partis pour leurs activités, trois grands jeunes débarquent au local, la mine grave :

– C'est monté de toutes pièces, c'est un complot !

Pour l'un, cela vient du président de la République :

– Pour gagner d'la popularité, c't'enc…

Pour l'autre, c'est un coup des Juifs :

– Y nous pourrissent la vie, les feujs, y veulent nous faire montrer du doigt.

Et nous avons droit à une litanie de raisonnements étonnants et de « preuves » ahurissantes. Ce jour-là, ce qui nous intéresse, c'est de savoir si l'on peut tuer au nom de Dieu. La réponse est encore nette :

– *Ouallah*, tuer pour Dieu, c'est pas l'islam, ça !

Mais dès la parution du premier numéro de *Charlie* après l'attentat, avec un dessin de Mahomet tenant une pancarte « Je suis Charlie », c'est la caricature de trop. Les positions changent :

– Tu touches à ma mère, j'te bute. Le prophète, c'est plus qu'ma mère. Tu moques pas ma mère, tu moques pas le prophète.

– *Ouallah*, si quelqu'un y bute un qui s'est moqué du prophète, j'le comprends.

Devant nous, nous avons de jeunes Marocains un brin virulents, excédés par les affirmations en boucle de la classe politico-médiatique sur la liberté d'expression. Des reproches nous sont faits de ne pas avoir réagi lorsque le journal caricaturait la religion catholique. On leur explique qu'on a pris des moyens légaux mais que la justice nous a parfois donné raison et parfois donné tort au nom, justement, de la liberté d'expression. Nous croisons des regards condescendants... J'ai vu depuis la caricature sur Marie, celle sur Benoît XVI et celle sur les évêques. C'est dégueulasse et même pas drôle. Mais tuer pour laver l'honneur du pape et de Marie ne nous viendrait pas à l'idée.

Quelques jours après les attentats, à la demande de la préfecture, nous réunissons à nouveau une dizaine de jeunes de la cité de 16 à 20 ans pour leur demander de réfléchir à quatre thèmes: la laïcité, la liberté d'expression, les valeurs de la République, le vivre-ensemble. Ce sont de beaux moments d'échanges directs, francs, spontanés dont nous notons à chaud quelques traits. À la question de savoir ce qu'est pour eux la laïcité, ils sont unanimes à répondre:

– Si c'est le respect de toutes les religions, c'est bien.

Un adolescent ose timidement:

– Mais pourquoi il ne faut pas montrer sa religion, pourquoi il ne faut pas de signes religieux?

Les autres renchérissent:

– Pourquoi au lycée on vit le respect des autres, mais on interdit la liberté à ceux qui portent des signes religieux?

Unanimes encore, ils concluent:

– Il ne faut pas que la laïcité permette à ceux qui ne croient pas ou à ceux qui nous dirigent de refuser qu'on porte des signes religieux.

Et la liberté d'expression ? Catégoriques et à l'unisson :

– Non !

Un premier commentaire :

– Si c'est pour se moquer de Dieu, ça n'est pas possible.

Un long silence. Une jeune fille prend la parole :

– Oui, mais c'est quand même bien de dire ce qu'on pense.

Unanimes :

– Oui, mais dans le respect, sans les caricatures.

Nous interrogeons :

– Sans aller jusqu'aux caricatures, peut-on accepter l'humour ?

Silence. Pierre poursuit :

– Peut-on accepter de dire une histoire drôle sur Dieu ?

Ensemble :

– Ah non !

Nouvelle question :

– Dieu a-t-il de l'humour ?

Les regards flottent, ils sont mal à l'aise.

– Par exemple, chez les catholiques, on dit, par humour, que Dieu est marié… (ils arrondissent les yeux !)… parce qu'on parle toujours du bon Dieu et de « sa grande clémence ».

Pierre ajoute que Clémence est un prénom. La plaisanterie n'est visiblement pas appréciée :

– Même ça, on ne peut pas !

Pierre insiste :

– Est-ce que Dieu peut se mettre en colère ?

Unanimes :

– Oui, c'est vrai, dans le Coran, il se met en colère.

Pierre précise :

– Donc Dieu est capable seulement de se mettre en colère et pas de rire, ni de sourire de nos blagues ?

Ils restent cois, visiblement déstabilisés. Les valeurs de la République ? Ça les fait rigoler :

– Ça n'est pas respecté ! Quand on voit les politiques, on n'y croit pas. Il y a trop d'injustice entre eux et nous.

Le sujet est évacué aussi vite qu'il est posé. Incongru à leurs yeux. Que de travail à faire pour crédibiliser des valeurs dont ils peinent à discerner le contenu !

Chaque vidéo d'égorgement, chaque meurtre, chaque attentat, est un véritable coup de poignard au cœur de nombreux musulmans qui ne demandent qu'à vivre en paix, mais ils exercent une espèce de fascination sur certains jeunes, de plus en plus tentés par les courants radicaux.

Après les attentats de *Charlie Hebdo*, ça a été le branle-bas de combat au gouvernement. Que faire ? Comment faire ? Les services du Premier ministre ont pondu une liste d'une cinquantaine de pistes pour les banlieues, que les responsables préfectoraux ont pour mission de confronter aux avis locaux. Ce jour-là, nous sommes réunis par le sous-préfet en présence du commissaire de police, d'une adjointe au maire, du procureur, de représentants de bailleurs gestionnaires des logements sociaux, de plusieurs responsables d'associations. La réunion débute par le résumé d'un diagnostic suivi de l'énoncé, distillé par le sous-préfet au gré des aléas de la discussion, de différentes questions pour lesquelles il aimerait l'avis des participants. Par exemple :

– Que pensez-vous de la mise en place d'écoles libres musulmanes ?

Et notre adjointe au maire de bondir, se disant ulcérée car sa commune paye une participation aux frais de cantine des élèves de l'école libre… catholique ! Rien à voir avec la question du sous-préfet ! Un ange catholique passe en souriant. Un ange musulman passe en rigolant franchement (« Ils sont fous ces roumis »). Le sujet ne concernant pas les catholiques, le sous-préfet laisse les anges passer… Autre question lancée :

– Comment développer la mixité dans les cités ?

Là, Pierre intervient :

– Monsieur le préfet, vous mettez en cité les Noirs avec les Noirs, les Arabes avec les Arabes, et vous posez la question de savoir comment mixer ? Au Rocher, nous pratiquons la mixité en venant nous installer en cité. Organisez cela.

La réponse est immédiate et spontanée :

– Pour cela, il faut une volonté politique. Nous ne l'avons pas.

Qu'on est loin de *Charlie* !

Prendre le temps d'apprivoiser

C'est donc le cœur alourdi par le drame qui a endeuillé la fin de notre session de formation que l'année 2015 commence. Montand demande à Pierre de recevoir Ali qui dit chercher un emploi. Il a 25 ans, son brevet des collèges, est sorti de l'école à 15 ans, et, après avoir tournicoté à droite et à gauche et touché par-ci par-là au trafic comme guetteur ou revendeur, il dit vouloir s'en sortir en trouvant un vrai job pour mener une vie normale. Fort de son expérience de directeur des ressources humaines, Pierre lui assène le discours pro : expérience professionnelle, compétences, qualités, fil rouge, projet professionnel, motivations, entretien d'embauche, recherche d'emploi… la totale ! Montand, qui assiste de loin à l'entretien, a l'air un peu goguenard. Rendez-vous est pris pour le lendemain avec comme objectif : faire son CV. Pierre ne se rend même pas compte qu'il a parlé tout le temps et que le jeune, avachi sur sa chaise, a décroché depuis longtemps…

Hilare, Montand lui dit :

– En voilà un que tu ne risques pas de revoir !

Le lendemain en effet, personne. Les jours suivants, personne. Montand s'en amuse :

– Pierre, tu n'as rien compris. Il faut t'inscrire dans la durée. D'abord apprivoiser, faire parler, laisser dire les difficultés. Le reste viendra en son temps. Tu veux trop faire, trop vite.

Que c'est difficile de se remettre en question et d'oublier ses vieux réflexes ! Nous avons quitté un monde aux fonctionnements normés et nous vivons maintenant dans un monde de rationalité à géométrie variable et dont les règles ne nous sont pas encore vraiment connues. Pierre a compris ce jour-là qu'il était complètement à côté de la plaque en voulant importer en cité des schémas inadaptés et qu'il lui faut désormais s'y prendre autrement.

La mission locale lui propose justement d'animer des ateliers pour préparer des jeunes à des entretiens d'embauche. Il pose aux dix jeunes qu'il a en face de lui une première question :

– Qu'allez-vous dire au recruteur ?

Silence puis l'un d'eux se lance :

– Que j'suis bon et qu'y faut qu'y m'embauche sinon…

– Sinon quoi ?

– Ben, j'lui casse la tête.

Éclat de rire général. Au bout de deux heures, ils sauront parler positivement d'eux. Ouf !

Ce même jour, Valmond, qui a séduit même la direction de Peugeot, organise dans une de leurs grandes usines voisines un café philo avec le personnel sur le thème du travail. Une visite préalable de l'usine est proposée aux participants extérieurs. La chaîne, bijou de processus industriel, produit trois modèles dans toutes les gammes ; une voiture par minute. On est à mille lieues du modèle d'organisation façon Rocher. Cela angoisse Montand :

– Je ne pourrais pas bosser dans une usine comme ça ! dit-il.

Au cours du café philo qui suivra, il interrogera le directeur de l'usine :

– Quelle part de créativité laissez-vous aux ouvriers dans l'organisation de l'usine ?

Si la question a fait sourire, elle est pleinement au cœur de la réflexion sur l'épanouissement de l'homme au travail. Elle est fondamentale.

L'accès à l'emploi n'est pas évident pour des jeunes précocement déscolarisés et qui, pour certains, ont pris l'habitude du désœuvrement. Il faut travailler avec eux en amont de la recherche et c'est ce que proposent les « camps-chantiers » du Rocher. La marine nationale a confié à l'association, sous forme d'un bail emphytéotique, un vieux fort sur les hauteurs de Toulon en contrepartie de travaux de sécurisation et de remise en état. Montand, qui y a déjà accompagné des jeunes, propose à Pierre de faire partie de l'encadrement d'un camp. Ils sont quatre adultes pour accompagner cinq jeunes ; quatre encadrants pour cinq jeunes, on pourrait imaginer qu'ils sont en surnombre. Eh bien, non ! Comme chaque fois, nous essayons de mélanger les parcours : certains sont dans la rue, d'autres au lycée, l'un d'eux est même en BTS. Ils fument presque tous des produits illicites, tous ont trafiqué plus ou moins, certains ont déjà fait de la prison. Ils vont passer six jours ensemble. Travailler ensemble, manger ensemble, discuter ensemble, régler les difficultés ensemble, rire ensemble, se frotter ensemble, en somme apprendre à vivre ensemble. Six jours loin, très loin de la cité. L'objectif principal est de remonter des murs d'enceinte écroulés. Mais les véritables objectifs, c'est apprendre à se lever à l'heure, à travailler pendant toute la durée fixée et à rendre service dans les tâches ménagères, à vivre ensemble… le tout dans la bonne humeur et la convivialité.

Pierre est accroupi au pied du mur ; Seydou (18 ans) est derrière lui.

– Alors, là, tu vois, Seydou, tu cales la pierre, tu mets du ciment avec ta truelle et ensuite…

Pé-da-go-gi-que ! Au bout d'un moment, Pierre a comme l'impression d'un vide derrière lui. Il se retourne : plus de Seydou. Il le voit à quelques mètres en retrait, les fesses posées sur une pierre, pianotant sur son iPhone volé et déglingué :

– C'est bon, c'est bon, je cale la pierre et je prends la truelle, j'mets le ciment… au nom d'Allah, j'ai tout compris, mon frère.

Un peu plus tard, c'est au tour de Pierre de mettre le couvert. Il prend la vaisselle faite la veille par Mimoun qui a laissé les assiettes empilées sur la table. Tiens, la troisième est un peu sale. *In petto*, Pierre se dit que Mimoun aurait pu mieux la rincer. Horreur, la quatrième n'est carrément pas lavée. Toutes les autres non plus. Il hurle :

– Mimoun !!!!!!!!… Mimoun, tu n'as pas fait la vaisselle hier. *Chouf*, regarde !

Le gaillard ne regarde pas la vaisselle mais regarde Pierre au fond des yeux, met solennellement sa main droite sur son cœur :

– Par Allah, j'te jure je l'ai faite !

Allah en plus, il lui fait penser à notre fils François prétendant qu'il a rangé sa chambre ! Quand il finit par accepter de pencher ses yeux vers les assiettes, il est ébahi. Explication : Mimoun n'a jamais fait la vaisselle de sa vie :

– C'est le rôle d'ma mère et de mes sœurs, affirme-t-il.

Il pensait, de bonne foi, qu'il suffisait de tremper les assiettes dans l'eau et de remuer un peu…

Un soir, moment de grâce : au pied levé s'organise un café philo avec nos jeunes, les volontaires des antennes des deux

Rochers de Toulon et quelques amis extérieurs. Il est animé par Ousmane, sur le thème : « Tout est-il permis ? » Petit à petit, tout le monde s'exprime et l'on touche du doigt le difficile problème de la liberté :

– Si je veux me droguer, j'suis libre !

– Wesh, frère, t'as plus la liberté ! La vie d'ma mère, même que tout est permis alors, vrai, tu es libre de te droguer mais vrai aussi que tu deviens accro et alors tu perds ta liberté. Toujours tu chercheras de la drogue dans ta putain de vie. Tu choisis, frère.

Quand la vérité sort parfois de la bouche des dealers…

Cœurs de femmes

De mon côté, lors du café des femmes hebdomadaire ou lors de rencontres informelles, j'apprends à connaître beaucoup de femmes, mères, épouses ou célibataires. Je découvre la diversité de leurs parcours.

Je pense à Marie-Odile qui a enchaîné les galères et dont le fils unique vient de mourir tragiquement en prison, après une vie compliquée. J'admire l'amour de la vie qui n'a jamais cessé de l'habiter même aux pires moments et la foi magnifique qui la pousse à sortir pour aller vers les autres, sans baisser les bras.

Un après-midi, notre équipe de bénévoles se retrouve seule avec Hortense, qui nous confie sa triste vie. Après une enfance heureuse où elle n'a manqué de rien, aînée d'une ribambelle d'enfants, entourée d'affection par sa maman, profondément croyante, et son papa militaire, c'est à cause d'un mariage malheureux avec un marin qui la trompait dans chaque port que sa vie a pris un tout autre cours. Après avoir été abandonnée avec trois jeunes enfants, dont deux légèrement déficients, elle a dû accepter tous les boulots pour avoir de quoi les nourrir et les habiller. Et malgré la dureté de sa vie, elle nous raconte avec beaucoup de simplicité comment elle a été amenée plusieurs fois, ouvrant sa porte aussi grand que son cœur, à héberger des SDF dans son modeste appartement, parfois pour d'assez longs séjours. Quelle leçon !

La rencontre de Véronique ne m'a pas laissée indemne non plus. Véronique doit avoir à peu près mon âge. Elle est camerounaise et aide-soignante. Elle me raconte comment elle a été amenée à fonder une association dans son pays d'origine et à y consacrer tout son temps libre et l'essentiel de ses revenus. Partie au Cameroun rendre visite à son frère, son attention est attirée par un attroupement en pleine ville. Elle s'approche et voit une fillette d'environ 7 ans ensanglantée qui se roule par terre en hurlant. On lui raconte que c'est une enfant des rues qui vient d'être violée et brutalisée. Bouleversée, elle rapporte la scène en sanglotant à son frère et à sa belle-sœur qui la ramènent sur les lieux du drame où elle espère retrouver l'enfant ; mais personne ne sait ce qu'est devenue la fillette. L'incident semble déjà effacé dans l'indifférence générale sauf dans son cœur qui saigne : Véronique, elle, ne peut oublier. Elle découvre alors le triste sort des enfants des rues, le plus souvent des enfants nés de viols dans des zones frontalières en guerre, des enfants dont personne ne veut parce qu'ils sont sans famille, sans attaches. Il existe en effet des orphelinats tenus par des sœurs au Cameroun mais celles-ci ne prennent en charge que des enfants qu'on pourra rendre, à l'adolescence, à un parent plus ou moins proche qui se chargera de prendre leur relais. Véronique décide alors de faire quelque chose pour les enfants abandonnés et lance la construction d'une maison d'accueil. Son souci aujourd'hui, c'est de donner une existence juridique à son projet pour pouvoir lever des fonds en Europe. Véronique nous raconte la genèse de son association avec des sanglots dans la voix, tant on la sent marquée à vie par la détresse de ceux qu'elle voudrait extraire de la misère et qu'elle considère comme ses enfants.

Ces femmes avec lesquelles je me suis liée, et cela continue à m'émerveiller, gardent un cœur ouvert et généreux malgré les difficultés de leur propre vie. Et beaucoup sont des battantes : lors d'une nouvelle réunion officielle organisée après les attentats de *Charlie* pour réfléchir à la façon de faire vivre en cité « les valeurs de la République », les habitants du quartier ont été conviés à s'exprimer et beaucoup de femmes du quartier se sont déplacées (mais où sont les hommes ?). À un moment, la discussion glisse sur la gêne occasionnée par les jeunes délinquants. Les mamans présentes expliquent en détail que, dans la cité, une infime minorité impose sa loi à l'ensemble des habitants. L'une d'elles raconte qu'elle a en permanence des seaux d'eau sur son balcon pour arroser les quelques jeunes qui font du bruit tard dans la nuit au pied de son immeuble et que, parfois même, elle descend avec une batte de baseball pour les chasser.

Une autre dit comment elle a décidé de nettoyer la cage d'escalier (quatorze étages !!!) la nuit pour les convaincre d'aller faire leur trafic ailleurs et de ne plus faire de bruit.

Une troisième explique comment les « cages à trafic » sont verrouillées par les dealers qui filtrent les entrées et partent se réfugier chez les locataires dans les étages en cas de danger…

Le sous-préfet écoute gravement, le procureur lève les yeux au ciel, le commissaire compatit. Le sous-préfet devrait multiplier les séances de concertation avec les mamans ou aller dans la salle d'attente du juge pour enfants pour apprécier leur désarroi. Car celles dont les enfants ont dérapé vivent constamment dans l'angoisse. De l'angoisse des représailles s'ils quittent le trafic ou de celle de les voir faire de la prison, on ne sait laquelle les taraude le plus. Mais pour elles, qui aura de la compassion ?

Chien perdu sans collier[1]

Pierre croise justement dans la rue un adolescent filiforme, imberbe, aux cheveux longs. Spontanément, il engage la conversation avec lui mais à part des « ouais », des « non » ou des « j'sais pas », rien de bien intéressant n'en ressort. Nous apprenons par la suite que c'est le fils de Nadia, une voisine

1. Au pluriel, titre d'un roman de Gilbert Cesbron sur des jeunes qui tournent mal (1954).

qui va devenir une amie. Son garçon est une belle graine de voyou sympathique : déscolarisé à 14 ans, impliqué rapidement dans le trafic, bon client du juge pour enfants. La graine est en train de germer, le délinquant perce sous l'adolescent aimable. Il a maintenant 16 ans bien sonnés et, en ce moment, il passe son temps à faire de la moto, sans pot d'échappement, sans immatriculation, sans assurance, sans casque mais avec une cagoule. Il tourne dans la cité et énerve bien des habitants qui supportent mal le bruit de son engin. D'autant qu'il n'est pas le seul à le faire... Son grand plaisir est d'échapper à la police qui essaie de l'attraper, véritable jeu de cow-boys et d'Indiens attentivement suivi par tous les jeunes de la cité !

Mais quelque temps plus tard, à force de narguer les flics, de cambrioler les magasins, de guetter, de revendre de la drogue, de rouler sans casque ni assurance, il finit par se faire prendre. Il est alors conduit au commissariat et mis en garde à vue. Comme il est mineur, il faut que sa mère vienne le chercher au poste. Elle appelle Pierre en pleurant pour lui demander de l'accompagner.

Je suis aussi de la partie et nous arrivons au commissariat. Nadia a les jambes qui flageolent. Elle présente sa carte d'identité au jeune policier de l'accueil qui nous demande d'attendre. Le commissariat est plein : dépôts de plainte, papiers administratifs, informations, entrées et sorties de policiers... une vraie ruche. Au bout d'un moment, une porte s'ouvre et Mourad s'avance vers nous, l'air hautain et méprisant pour tout ce qui l'entoure. Nous nous dirigeons vers la sortie et, au même moment, un jeune policier passe près de lui, semble vouloir lui dire quelque chose, prend sa respiration et, devant sa mine rébarbative, tourne la tête et ne dit rien. Fatale erreur ! Mourad se sent pousser des ailes :

– Et pourquoi qu'tu m'regardes comme ça ? lui dit-il avec violence.

Je suis estomaquée. Pierre lui prend le bras et lui intime l'ordre de se calmer. Sans effet. Il faut qu'un gradé passe par là pour que le ton baisse. Pierre pousse alors Mourad et Nadia dehors. Là, il explose :

– Mourad, tu aurais dit un mot de plus, je t'en allongeais une. Tu sors de garde à vue et tu fais la leçon à un flic. Petit con !

Catastrophe supplémentaire, Mourad revient ensuite en cité auréolé de son fait d'armes : car en cité, la référence, c'est braver les flics, faire de la garde à vue, et, *nec plus ultra*, faire de la prison. Petit à petit, l'étau se resserre. Pierre est avec Mourad et sa maman au tribunal pour enfants. Arrêt sur image au tribunal de Versailles : il y a dans la salle d'attente six jeunes garçons mineurs accompagnés de leur mère (mais où sont les pères ?). Deux d'entre elles pleurent. Leurs fils les regardent de façon méprisante, comme s'ils avaient honte ! Inversion des rôles ! Caïds de pacotille, chiens perdus sans collier. Mourad est là pour une bêtise commise l'été précédent. Laquelle ? Pierre n'en sait rien car le jeune est muet, fermé, empli de violence et le charabia de la mère n'est pas toujours compréhensible. Exceptionnellement, madame le juge pour enfants accepte que Pierre assiste à l'audience d'instruction. Cela lui permet de savoir ce qu'il en est. L'histoire est bête : une mobylette empruntée à un grand jeune que Mourad a endommagée ; le grand jeune furieux demande réparation mais Mourad n'a pas d'argent ; le grand jeune menace et, devant la peur du garçon, lui propose de « rendre un service » en échange. Il l'emmène dans sa voiture à Nanterre, se gare sur un côté de la prison, lui donne un paquet et lui demande de passer la première grille et de le jeter par-dessus le mur d'enceinte. Mourad refuse mais panique devant les menaces du grand jeune. Il y va donc, saute la grille, lance le paquet qui, tombant sur un filet, déclenche l'alarme. Le grand jeune fuit en voiture. Police, chiens, Mourad est arrêté, comparution immédiate et renvoi devant le juge. L'audience consiste donc à déchiffrer le PV de police, qui n'est pas totalement exhaustif, puis à le retranscrire sur le compte rendu d'audience, à noter les questions posées par le juge et les réponses de Mourad, enfin à expliquer qu'en matière de jugement, il y a deux possibilités : soit le renvoi à audience de jugement (pas avant six mois), soit accepter un jugement immédiat. En concertation avec la maman, la décision est prise d'accepter le jugement immédiat. Il en résulte une sorte de sermon moralisateur devant un Mourad un brin arrogant, qui regarde crânement la juge. La sanction tombe : une admonestation qui, en l'absence de récidive, n'entraînera pas de casier judiciaire. Mourad regarde Pierre d'un air supérieur :

– Tu vois, je m'en sors sans problème !

Mais Pierre, sachant que cette audience est la première d'un total de quatre convocations, craint qu'il ne soit plombé et qu'à sa majorité ne tombe le couperet. À la fin de l'audience, Pierre demande au juge s'il peut lui poser une question :

– Mourad a parlé d'un grand jeune qui l'a menacé. Pourquoi ne pas lui avoir demandé son nom ?

La réponse est immédiate :

– Je suis juge. Ce n'est pas à moi de faire le travail de la police !

En sortant, la maman me dit :

– Ça, c'est pas une justice pour les familles, c'est la protection des grands jeunes qui font le trafic !

Combien de fois ai-je entendu des mères se lamenter ainsi contre la justice… Par la suite, Pierre aura l'occasion de voir le commissaire de police et de lui demander pourquoi Mourad n'a pas été questionné sur l'identité du grand jeune lors de sa garde à vue. Il lui répond qu'il l'a été.

– Pourquoi alors cela ne figure-t-il pas sur le PV lu à l'audience ?

Il rétorque, sans sourciller, que la police l'a enlevé du PV pour protéger l'adolescent. Les bras nous en tombent.

Notre premier ramadan

Notre premier ramadan en cité, qui tombe cette année-là vers la fin de l'année scolaire, nous rappelle celui que nous avons vécu dix ans auparavant en Tunisie où nous avons passé un an avec notre dernière fille : le premier soir du ramadan, il devait être 18 h 30 en ce mois d'octobre 2004, les minarets entonnent leur appel à la prière. D'un seul coup, la vie s'arrête, chacun rentre chez soi ou se rend à la mosquée. Comme par magie, c'est le silence d'un pays frappé de léthargie. Plus une voiture dans les rues, pas un passant sur les trottoirs. Alors que l'ombre de la nuit grandit, on a l'impression qu'un voile de paix descend sur la ville endormie. Comme si Dieu visitait son peuple. Pierre avait vécu d'autant plus fortement ces moments qu'il avait décidé de faire le ramadan.

Dans la cité, un peu comme à Tunis, tout ou presque se calme. La salle de prière, au pied de notre immeuble, est pleine et déborde ce soir à 21 h 38 en cette première rupture du jeûne ; il y a beaucoup d'hommes et de jeunes en *qamis*[1]. Les femmes sont à l'extérieur sur des tapis à part. Le jeûne a débuté à 3 h 49 ce matin : privation complète de nourriture mais aussi, en ce début d'été, privation totale de boisson, et c'est ce qui nous impressionne le plus ! Après la rupture, ce sera la fête dans les familles, parfois jusque tard dans la nuit et l'absentéisme scolaire va alors connaître un pic car la plupart des enfants sont perturbés dans leur sommeil à cette période.

Un soir, Nadia nous invite pour la rupture du jeûne. À 21 h 59.

– Tu ne viens pas en retard ! insiste-t-elle.

La table est dressée, tout est beau. Il y a là son père, ses deux filles, son neveu, son fils Mourad. Ce dernier rentre, sort,

1. Wikipédia : le terme *qamis*, arabe issu du latin tardif *camisia*, signifie chemise. Par extension, le *qamis* est le vêtement porté par les hommes musulmans. Il s'agit en général d'une longue tunique arrivant au-dessus des chevilles. En dessous, c'est interdit.

emballe son repas et part errer avec ses copains de drogue. Le doyen parle, dans un français parfait, de son enfance en Algérie, de la dureté de sa grand-mère qui l'a formé à marcher droit, de sa carrière en France faite dans l'entretien des jardins. Nadia est fière de lui. Mais elle nous sert et nous ressert :

– Il est pas bon mon couscous ?

Moments particuliers du ramadan où tout le monde invite tout le monde. C'est une belle expérience.

Quelques jours auparavant, nous avions croisé Hussein, un voisin tunisien. Après les salamalecs d'usage, il avait regardé Pierre et, en souriant, lui avait dit d'aller se faire couper les cheveux en vue de la fin du ramadan. Nous avions ri tous les trois et la conversation avait continué sur un de ses voisins qui ne pouvait pas faire le ramadan parce qu'il était malade. Pierre avait demandé :

– Il le fera plus tard pour rattraper ?

– Non, comme il prend des médicaments, plusieurs fois par jour, il ne peut pas rattraper. Mais il doit payer cent cinquante euros à l'imam. Comme ça il est dans la règle.

Entre ceux qui ne prennent pas leurs médicaments à cause du ramadan et ceux qui les prennent mais versent une compensation financière, on s'y perd un peu. L'islam est codifié, un peu par le Coran, un peu par les hadiths, un peu par les imams, ce qui n'en facilite pas toujours la compréhension ! Les hadiths sont des indications, recueillies après la mort de Mahomet, auprès des compagnons du Prophète. Un musulman confronté à un problème ou à une question n'avait alors personne vers qui se tourner si la réponse n'était pas dans le Coran. Les hadiths indiquent donc ce qu'aurait répondu Mahomet, comment il aurait agi. Chaque branche de l'islam a ses hadiths et il y en a plusieurs dizaines de milliers, de quoi satisfaire tout musulman, du plus pacifique au plus guerrier.

Une fin de première année douce-amère

En août 2015, nous sommes là depuis onze mois et, *Inch Allah*, si Dieu le veut, en principe pour deux ans encore. Après trente-six ans de mariage, où l'un comme l'autre, nous avons eu des activités différentes, nous nous retrouvons ensemble, à tout partager. Le soir, dans notre appartement d'étudiants meublé de bric et de broc, nous goûtons une liberté nouvelle et une intimité retrouvée. Et nous avons tellement de choses à nous raconter ! C'est comme un nouveau début de mariage : nous nous redécouvrons.

Nous sommes là depuis onze mois mais avons l'impression d'être passés dans une essoreuse tant le choc des cultures, l'intensité des rencontres, la joie des enfants, la douleur de certaines familles, les difficultés constatées nous ont bousculés. Tout nous ancre dans la nécessité d'être plutôt que de paraître, d'être plutôt que de faire. C'est une quête de vérité que nous avons entreprise et qui n'a pas fini de nous secouer.

Cette première année a passé comme un jour, nous a détachés de notre monde ancien. Nous avons sauté le pas il y a un an pour « oser la rencontre » des habitants et très vite notre regard a changé : nous partions pour donner notre temps, notre disponibilité mais, dès nos premiers pas, nous avons reçu bien plus que ce que nous étions capables de donner. Plus encore que Le Rocher, ce sont les habitants qui nous ont appris, parce qu'ils le pratiquent naturellement, ce qu'est « l'accueil inconditionnel de l'autre ». Nous avons été accueillis chaleureusement et nous avons découvert un monde sans filtres, sans masques, d'une très grande richesse humaine.

Si les joies reçues et les moments de grâce ont été extrêmement nombreux en cette fin d'année, nous connaissons hélas la tentation du découragement. Découragement de voir que malgré toute notre bonne volonté, beaucoup de situations ne s'améliorent pas ; découragement de vivre des situations dramatiques impensables ; difficultés à vouloir mener de front notre vie en cité et l'attention que nous devons à nos enfants et à nos petits-enfants.

Choisir l'Espérance

Ce qui nous a fait tenir ? Notre foi en l'homme et notre foi en Dieu que nous nourrissons par des temps quotidiens de prière avec la majorité des membres de l'équipe. Chaque matin, avant le démarrage des activités du Rocher, nous nous retrouvons à l'église des Mureaux pour la messe, une heure d'adoration et un temps de louange. Alors, si aux soirs de découragement, nous continuons à nous interroger sur l'utilité de notre présence en cité, mère Teresa nous apporte la réponse : « Sois toujours fidèle dans les petites choses, car en elles réside notre force. Pour Dieu, rien n'est petit. [...] Nous devons renoncer délibérément à tout désir de contempler le fruit de notre labeur, accomplir seulement ce que nous pouvons, du mieux que nous le pouvons et laisser le reste entre les mains de Dieu. Ce qui importe, c'est le don de toi-même, le degré d'amour que tu mets dans chacune de tes actions. Ne te décourage pas face à un échec, dès lors que tu as fait de ton mieux. Refuse aussi la gloire lorsque tu réussis. »

Merci, petite sœur, de nous rappeler que nous avons choisi l'Espérance ! À notre retour en septembre, nous ne l'oublierons pas.

Saison 3

On approfondit !

Les Mureaux, septembre 2015 – août 2016

La rencontre de deux personnalités
est comme le contact
de deux substances chimiques :
s'il se produit une réaction,
les deux en sont transformées.

CARL GUSTAV JUNG

Dans le train qui nous ramène aux Mureaux après le mois d'août que nous avons passé dans le sud de la France avec nos enfants et petits-enfants, nous sommes silencieux. Nous avons eu du mal à nous arracher à la douceur de ces moments en famille et c'est le cœur lourd et plein d'appréhension que nous envisageons notre retour aux Mureaux. Nous grimpons sans enthousiasme nos quatre étages puis partons pour les courses. Nous n'avons pas le temps de faire trois pas qu'une fenêtre s'ouvre dans un immeuble voisin :

– Ohé, Isabelle et Pierre ! Vous êtes de retour ? Comment ça va ? Ça fait du bien de vous revoir !

La joie manifeste qui se lit sur le visage de notre voisine nous met du baume au cœur. Cette simple salutation dissipe toutes nos appréhensions.

Un peu plus tard, nous rejoignons la nouvelle équipe. Montand, notre ancien responsable, a laissé sa place à une dynamique jeune femme, éducatrice spécialisée, et l'équipe de jeunes volontaires en service civique, plus étoffée que celle de l'année précédente, est là pour apporter le dynamisme et l'enthousiasme de sa jeunesse.

Difficultés scolaires : comment s'y prendre ?

Avec une équipe toute fraîche et plus nombreuse, l'aide aux devoirs reprend très vite en ce début d'année scolaire, et avec des exigences mieux définies : une charte de bon comportement rédigée en collaboration avec les enfants inscrits, signée par leurs parents et par eux, est affichée dans chaque salle. On décide de limiter les inscriptions en fonction des bénévoles qui rejoindront l'équipe, de façon que chacun n'ait jamais en charge plus de deux enfants, on fait un point régulier avec les parents et toute l'équipe se forme à la « gestion mentale », méthode mise au point par Antoine de La Garanderie[1], pour « apprendre à apprendre ».

Nous accompagnons souvent des familles qui se sont installées en Italie et en Espagne, y ont vécu en situation régulière puis, par manque de travail, sont venues tenter leur chance en France et se retrouvent en situation irrégulière. Nous avons ainsi leurs enfants à l'aide aux devoirs. Ils doivent soulever des montagnes. Ali, par exemple, Berbère marocain, a commencé sa scolarité en Espagne où il est né et dont il a appris la langue, et il est arrivé dans la cité sans connaître un mot de français, et ce en pleine adolescence. Il parle donc berbère et espagnol. Au collège, il est en cinquième avec sa classe d'âge, et lui qui ne comprend pas notre langue doit obligatoirement rattraper aussi son retard en anglais. Tout ça de gauche à droite. Et, ô tempora ô Maures (!), son père l'a inscrit à l'école coranique où il apprend… l'arabe. Arabe que personne, chez lui, ne parle ni n'écrit. Ali est perturbé ; en termes d'aide aux devoirs, c'est difficile et il nous arrive de nous énerver. Aujourd'hui Ali lit, laborieusement, sa leçon d'histoire. C'est de Louis XIV qu'il est question et je découvre que plus de cinquante ans d'un règne foisonnant et passionnant sont réduits au fait que ce méchant roi chassait allègrement à travers les champs moissonnés des pauvres paysans. Et mon brave Ali, qui ne comprend pas un mot sur deux, de transpirer sur notre royauté.

1. Antoine de La Garanderie, Geneviève Cattan, *Tous les enfants peuvent réussir*, Paris, Éd. du Centurion, 1988.

Il nous arrive de constater que certains enseignants en sont encore à la méthode globale et que d'autres, en pointe, tâtent de l'écriture inclusive. Pourvu que tous les Ali que nous connaissons, baladés d'un pays à l'autre, ne tombent pas sur l'un d'entre eux ! Heureusement, notre malheureux Ali sera finalement envoyé dans un dispositif assez innovant, financé sur fonds publics, de classe à très petit effectif où, pendant six mois, l'élève en difficulté peut être remis à niveau.

Nous avons heureusement aussi de belles surprises, comme le jour où Rachid, en cinquième, récite à Pierre sa leçon d'histoire qui porte sur le Moyen Âge et en aborde la richesse de façon complète et adaptée à l'âge des élèves. Pierre est heureux de voir que les dimensions historiques, philosophiques, religieuses, sociales et économiques sont évoquées. Et que notre petit Rachid se régale.

Ce soir-là, devant le local, quelques enfants chahutent. Le chahut tourne à la dispute. Pierre essaie de calmer le jeu mais la dispute devient bagarre après qu'un enfant a jeté à la face d'un autre :

– Nique ta race !

Là, Pierre intervient fermement en usant de sa voix, de ses bras et de ses jambes pour séparer les belligérants qu'il envoie chacun de son côté. Le calme revient. Un instant plus tard, nous entendons quelques enfants discuter entre eux :

– Ce que Mamadou a dit est raciste ! dit l'un.

Les autres approuvent :

– Oui, c'est pas bien de dire nique ta race.

L'un d'eux s'exclame alors :
– Et pourtant, il est pas blanc !
La remarque nous fait mal. Peut-être qu'à force de s'entendre dire, par médias interposés, que le raciste ne peut être que blanc, les enfants finissent par le croire ?

Aïd mabrouk !

Aujourd'hui c'est l'Aïd, la fête du mouton qui, pour les musulmans, commémore le jour où Allah a substitué un mouton au fils qu'Abraham s'apprêtait à sacrifier. Nous expliquons à nos enfants, passés nous voir à l'improviste, que ce fils pour eux est Ismaël et pour les chrétiens, Isaac.

Nous croisons alors une de mes amies musulmanes et je lui demande ce qu'elle fait d'un si gros mouton, puisque la tradition veut qu'on immole un mouton par foyer, alors qu'elle et son mari n'ont plus qu'un enfant à la maison :

– L'usage veut qu'on fasse trois parts, m'explique Fatma : une pour la famille, une pour les voisins et une pour les pauvres. Alors la troisième part, je la congèle parce qu'il n'y a pas de pauvres ici.

Sa remarque nous frappe d'autant plus qu'effectivement, il n'y a pas de mendicité en cité. La solidarité familiale et communautaire semble jouer à plein.

L'après-midi, nous allons en équipe à la mosquée Es-Salem présenter nos vœux de bonne fête à l'imam Ahmed avec qui le curé des Mureaux a tissé de beaux liens d'amitié :

– *Aïd mabrouk y'a khouïa*, bonne fête mon frère.

L'imam roule les « r » :

– Vraiment, votre présence me fait très plaisir et c'est le plus beau jour de ma vie.

Il est accueillant, chaleureux et c'est un homme de bonne volonté. Il se met tous les volontaires dans la poche.

Au cours de nos échanges, nous le questionnons sur ses activités quotidiennes. En dehors de son rôle de guide de la prière, il reçoit beaucoup de monde, des couples, des jeunes, des enfants. Pour les couples, il se dit consterné par le nombre de ceux qui veulent se séparer. Il les conseille en s'appuyant sur les recommandations du Coran et des hadiths. Notre imam se désole que beaucoup de couples mènent des vies compliquées, parfois loin des préceptes de leur religion, ce qui explique pour lui leur volonté de séparation :

– Ce sont parfois de grands pécheurs.

L'une des volontaires ose lui demander s'il a la possibilité, lorsqu'il y a péché, de pardonner :

– Non, nous dit-il, seul Dieu pardonne. Moi, je ne peux pas.

Quelle chance ont les prêtres catholiques de pouvoir pardonner au nom de Dieu, et quelle libération pour leurs ouailles !

Après *Charlie*, le Bataclan

En arrivant au local en ce matin du 14 novembre, nous apprenons, atterrés, le massacre du Bataclan perpétré la veille.

Nous sommes bouleversés. Nous pensons aux victimes et à leurs familles mais aussi aux parents des assassins. Qu'elle doit être lourde, leur peine à tous. En équipe nous lisons le témoignage du père d'un des kamikazes :

– Je suis abasourdi, les mots manquent pour dire notre compassion à toutes les familles des victimes. Je sais qu'on peut penser qu'on a une part de responsabilité. Mais il faut qu'on sache qu'on a tout fait pour le convaincre de quitter le *jihad* [...]. Nous n'avons pas été aidés. Les magistrats durant la garde à vue ont tenté de nous incriminer [...]. Je leur ai répondu : « Comment se fait-il que mon fils qui était placé sous contrôle judiciaire – son passeport et sa carte d'identité retirés – ait pu quitter l'Hexagone et traverser l'Europe puis la Turquie pour arriver en Syrie ? » [...] Il a fait une déclaration de perte et, grâce à cela, il a pu se faire refaire une carte d'identité. Comment peut-on refaire des papiers quand ils sont confisqués judiciairement[1] ?

Nous sillonnons la cité toute la matinée et discutons avec les habitants. C'est comme une impression de déjà-entendu :

– C'est pas l'islam, ça !

Mais le silence du plus grand nombre est inquiétant. Juste avant de rentrer déjeuner, alors que nous conversons avec un groupe de jeunes totalement indifférents à ce qui s'est passé, nous voyons arriver un barbu avec un grand tapis sous le bras, Daouda. Il nous propose une discussion et nous

1. http://www.atlantico.fr/pepites/attentats-paris-pere-kamikaze-samy-amimour-livre-temoignage-2450841.html#jFmrhAeVxCJ0o1RO.99

nous retrouvons une bonne quinzaine, assis ou accroupis, à discourir. Il nous apprend, entre autres choses, qu'il est marié depuis cinq ans et que, Dieu le veut, il n'a pas encore d'enfant, mais que, *Inch Allah*, il espère en avoir. La discussion est très sympa mais surréaliste :

– Aimez-vous les uns les autres, c'est dans le Coran !

Ou bien :

– Le Coran interdit de tuer les autres.

Ou encore :

– Toutes les religions se valent.

De la dénonciation explicite des attentats eux-mêmes, point n'est question malgré notre insistance.

Du coup, j'hésite un peu à me rendre à un « baptême musulman[1] » auquel j'ai été conviée l'après-midi même chez une de mes voisines algériennes. C'est le cœur lourd que je décide d'y aller quand même. Quand j'arrive, la pièce de séjour est déjà bien remplie par les amies, cousines, tantes ou belles-sœurs de ma voisine ; nous sommes exclusivement entre femmes. Même ses trois jeunes garçons ont disparu, probablement pris en charge par le papa que nous ne verrons pas non plus.

À mon arrivée, j'ai aperçu une autre voisine très fidèle au Rocher, affairée dans la cuisine, et qui semble tout heureuse de me voir là : elle me présente comme sa « meilleure amie, du sucre, du miel ». Elle va animer l'après-midi de ses bavardages

1. Beaucoup de musulmans s'approprient le vocabulaire chrétien. En l'occurrence, il s'agit de la circoncision pour les garçons ou, pour les filles, d'une simple fête familiale comme ici.

sonores, qui ont l'air de bien amuser ses voisines. Je suis heureuse qu'elle soit là car, à l'exception de sa copine Yasmina, que je connais un peu, et de ma petite voisine de 15 ans avec qui j'échangerai quelques mots, personne ne m'adressera la parole. Au milieu de l'assemblée, je remarque que les plus âgées ont gardé leur voile ou leur foulard, que la génération intermédiaire a la tête découverte et fait preuve d'une certaine recherche vestimentaire et que les plus jeunes sont divisées en deux groupes : les unes se sont sapées et arborent un joli brushing, et d'autres gardent leur foulard comme une jeune femme très voilée qui évoque pour moi une ravissante bonne sœur !

Vers 18 heures, ces dames desservent les tables et disposent de nouveaux verres en plastique et de grandes cuillères : je comprends que c'est l'heure de la soupe et qu'on va passer au salé ! Comme quelques femmes sont déjà parties, je prends congé. En fait, je fuis une assemblée où je ne me suis pas sentie très à mon aise : aucune parole de compassion ne m'a été adressée pour les victimes du Bataclan, aucun désaveu, aucune allusion, du moins en français, à la tragédie qui s'est déroulée la veille.

Le soir, Pierre assiste à une réunion de dialogue interreligieux à la mosquée Tarik avec des représentants des deux mosquées des Mureaux, de la paroisse catholique et d'un pasteur protestant. Le tour de table le réconforte un peu : la condamnation des attentats est unanime :

– Il faut faire quelque chose ensemble, propose un imam.

L'idée d'un communiqué est discutée. La question épineuse de l'indifférence apparente des musulmans est soulevée. Tous la reconnaissent. L'un d'eux explique que, seul musulman dans son entreprise, il sent le regard des autres peser sur lui. Après *Charlie*, il leur a dit :

– Je n'ai rien à voir avec ces tueurs.

Dix mois après, il répète les mêmes mots, en baissant la tête et en fuyant les regards. Nous aimerions entendre des imams une condamnation aussi explicite que celle du pape François lors de l'angélus du 15 novembre : « Une telle barbarie nous laisse sans mots et nous nous demandons comment le cœur de l'homme peut concevoir et réaliser ces horribles événements qui ont bouleversé non seulement la France mais le monde entier. [...] Et utiliser le nom de Dieu pour justifier ce chemin, ces choix, c'est un blasphème. »

Hallal ou *haram* ? Permis ou interdit ?

Nous vivons chaque jour des rencontres qui confortent notre certitude que la majorité des habitants du quartier désirent avant tout vivre en paix mais nous faisons aussi parfois des rencontres qui nous alertent sur le durcissement de certains, travaillés par les courants salafistes.

Chaque matin nous sommes touchés qu'en réponse à notre salut quand nous les croisons, nos voisins du quartier nous serrent la main en disant : « *As-salâm 'aleïkoum*, la paix soit avec toi », à quoi nous répondons : « *Oua-aleïkoum-salâm*, avec toi aussi. » Puis ils retirent leur main de notre main et la posent sur leur cœur pour y conserver la paix (*salem*) que nous échangeons. Nous aimons aussi rendre visite à notre ami Cheick. Sénégalais, lettré, attentionné, joyeux, il ne sait que rire et sourire, malgré ses nombreux séjours à l'hôpital et les souffrances occasionnées par sa mauvaise santé.

– Merci de venir voir votre ami noir qui est un Cheick en blanc. Mais aujourd'hui, je suis très fatigué. Alors je crois que je suis un Cheick sans provision.

Et il éclate de rire comme seuls les Africains savent le faire. Il a posé sur sa table le chapelet qu'il disait avant de venir nous ouvrir. Notre ami le prend dans ses mains et nous explique :

– Ce chapelet est le grand chapelet. Il compte quatre-vingt-dix-neuf grains. Soit cent moins un ou trois fois trente-trois. Un grain pour invoquer chacun des quatre-vingt-dix-neuf noms de Dieu. Il est prescrit par le Coran et un hadith. Chaque musulman, ajoute-t-il, doit pratiquer le *dihrk*, l'invocation d'Allah.

Et il égrène en français pour nous :

– Allah le très miséricordieux, le tout miséricordieux, le souverain, le roi, l'infiniment saint, la paix, le confiant, le dominateur, le tout-puissant, etc.

Quand nous le quittons, il nous offre un petit livre reprenant chaque nom donné à Dieu et nous remarquons qu'il n'y a dans les attributs de Dieu ni le mot « père » ni le mot « amour ».

Mais la cité n'est pas un monde de Bisounours et nous avons parfois quelques surprises ! Pierre a l'habitude de chantonner ou de siffler en marchant. Ce jour-là, il siffle en croisant un grand barbu sévère. Celui-ci l'interpelle :

– Frère, c'est *haram* – interdit.

Devant sa moue dubitative, il lui explique que le *moukâa* (sifflement), c'est satanique. Pierre en siffle de surprise. Et finalement, va de découverte en découverte, de *hallal* (prononcer « r'lal ») – autorisé, permis – en *haram*, combien y a-t-il d'interdits dans l'islam ? Chez nos frères juifs, il y en a trois cent soixante-cinq[1]. Et chez les chrétiens ?

Noël approchant, il nous vient l'idée de proposer à nos amis du quartier d'organiser un loto. On se fait prêter un boulier, des cartons, des pions. On récolte ici ou là quelques lots puis on passe voir les familles pour leur proposer cet après-midi convivial. Dans l'un des appartements, un petit garçon, désapprobateur, nous dit qu'il ne viendra pas parce que c'est *haram*. Renseignement pris, le Coran l'interdit en effet. Comme souvent lorsque nous lançons une invitation, nous ne savons pas qui va venir, si nous serons trois ou trente, ou plus encore ! En l'occurrence la remarque du petit garçon nous laisse penser que nous allons faire chou blanc, mais à notre grande surprise plusieurs amies du Rocher, musulmanes pratiquantes, arrivent avec leurs enfants pour participer à notre loto. Et très vite elles se prennent au jeu : si la plupart ne savent pas lire, elles savent toutes identifier les chiffres et ont vite compris la logique d'un

1. Le Talmud (traité Makot 23b) enseigne qu'il y a 613 commandements dans la Torah : 248 commandements positifs (« fais ») et 365 commandements négatifs (« ne fais pas »).

carton de loto. Du coup c'est avec une joie exubérante qu'elles essaient de marquer leur quine ou leur carton plein. Elles se sentent valorisées de pouvoir jouer avec l'équipe et en famille à un jeu dont elles ont pu très vite s'approprier les règles. Un vrai succès auquel nous ne nous attendions pas !

Peu de temps après, nous recevons la visite au local de la sœur d'une stagiaire musulmane. Voilée de haut en bas. Pierre lui sourit et l'accueille en lui tendant la main. Visage fermé, elle lui dit, sur un ton sans réplique, qu'elle ne serre pas la main des hommes. Mon regard descend sur ses mains qui sont gantées. Je suis stupéfaite. Et le lui montre. Quelle immense peine de recevoir comme un choc de telles situations qui nous renvoient immanquablement aux questions récurrentes qui nous taraudent : « Comment vivre ensemble ? À quoi servons-nous ? »

Quelle espérance avoir, quelle espérance générer dans les moments où nous avons le sentiment qu'un tsunami islamiste nous menace ? Mais il nous est impossible d'imaginer abandonner nos amis des cités à l'influence des salafistes et ce sont eux qui nous rassurent parfois sur l'utilité du travail de fourmi qu'y mène Le Rocher : Pierre croise un jour un grand échalas, très impliqué dans la vie de la cité et dans le trafic de drogue, qui discute avec deux barbus sévères, jamais vus au bas des immeubles. Pierre va lui serrer la main. L'autre semble gêné. Les deux barbus lui lancent un regard « pas tibulaire mais presque » et refusent de lui serrer la main. Il passe son chemin. Le lendemain, il tombe sur deux autres grands jeunes, amis du Rocher, et leur parle des deux barbus, bizarres et soupçonneux, qu'il a croisés la veille et qu'il ne connaissait pas. Moue dédaigneuse des deux jeunes :

– Ah, ces barbus !

Pierre les laisse discuter entre eux et, de loin, entend l'un d'eux dire avec virulence :

– Ces barbus, il faut aller leur casser la gueule !

Surpris, Pierre revient sur ses pas, l'air de ne pas comprendre :

– Qu'est-ce que j'entends, vous voulez casser la gueule à quelqu'un ?

La réponse est éloquente :

– Ces p… de barbus salafistes ! Ils nous pourrissent la vie avec leurs prêches !

– Mais pourquoi ?

– Pierre, quand on les entend et qu'on entend ce que vous dites au Rocher, y a pas photo !

Ouf ! Nous voilà confortés sur l'importance de notre présence dans la cité et notre espérance n'est pas vaine !

Nous sommes donc pris en sandwich entre les actes islamistes, terroristes ou communautaristes largement décrits dans les livres ou les médias et nos rencontres en cité qui nous ancrent dans la certitude que l'amour l'emportera, que le dialogue interreligieux et la rencontre en seront les vecteurs et que l'espérance inondera nos cités et notre pays. La question lancinante qui se pose à nous est de savoir comment agréger tous les chercheurs authentiques de Dieu, toutes ces bonnes volontés que nous croisons, pour vivre ensemble dans la paix. Et comment éviter que des courants extrémistes, qui agissent le plus souvent dans l'ombre, ne fassent de l'islam une machine de guerre conquérante et destructrice au nom du *jihad*.

Nous en parlons à un de nos amis, arabophone talentueux, qui nous explique que c'est très complexe, que le débat est miné car le mot *jihad* n'est pas qu'une occurrence coranique qui invite au combat spirituel : il a aussi été développé dans le cadre des hadiths et, pour le coup, dans un sens très guerrier et ce, à dessein, car à l'époque, la toute nouvelle communauté musulmane avait besoin de ce ciment. Or, en islam, Coran et hadiths sont les deux piliers de la spiritualité. Il nous dit que c'est à bon droit que certains musulmans s'appuient sur le seul sens coranique pour affirmer que le *jihad* n'est pas guerrier ; et que c'est également à bon droit que d'autres évoquent les hadiths pour justifier le djihadisme. Pour l'une de nos amies du café des femmes qui a appelé sa fille Jihad et ne comprend pas l'effet répulsif que provoque ce prénom sur ses professeurs, le *jihad* désigne l'effort sincère et personnel qu'elle fait pour accomplir le bien et tendre à une forme de sainteté. Mais quand je l'interroge sur les versets dits « de l'épée », sur les hadiths guerriers qui invitent à lutter contre les apostats, les mécréants et les infidèles que nous sommes, elle me dit :

– Là, c'est plus compliqué…

Des grands jeunes à aimer…

Un grand jeune ne décline jamais sa véritable identité. Celui qui débarque ce soir-là au local se fait appeler « PS ». PS ? Au choix : Post-Scriptum ? Parti socialiste ? Pas savoir ?

Mine sombre, air mauvais, la rumeur dit qu'il vient de sortir de prison. Il s'affale dans un canapé. J'avais déjà rencontré PS au milieu d'un groupe de grands jeunes et j'avais remarqué son sourire lumineux : la candeur d'un sourire d'enfant, avec quelque chose d'innocent qui m'avait touchée. En fait d'innocence, Pierre l'avait vu plus tard fracasser un de ses copains de galère dans une cage d'escalier. C'était sanglant, m'avait-il dit !

Je m'assieds à côté de lui et tente de le faire sortir de son mutisme :

– Ça n'a pas l'air d'aller ?

– Je sors d'prison et ma copine veut pas me voir.

– Ah !

– Wesh, tu sais, elle attend un bébé, c'est moi le papa.

Je m'enthousiasme :

– Tu vas être papa, c'est formidable. Tu sais, il n'y a rien de plus extraordinaire que l'arrivée d'un bébé.

D'un seul coup, son beau sourire illumine tout son visage. Manifestement, il n'a essuyé jusqu'ici que des reproches :

– Un bébé ? Tu n'y penses pas ! Tu sors de prison, tu n'as pas d'emploi.

Ça doit être la première fois que quelqu'un lui parle de cette future naissance comme d'une belle aventure. Il sourit comme un enfant et me pose des questions touchantes. Puis, il redevient triste :

– Oui mais ma copine ne veut plus me voir.

– Et ses parents ?

– Encore moins, ils me claquent la porte au nez.

J'essaie de le réconforter :

– Comprends-les, tu sors de prison… Laisse-leur le temps d'accepter. Et ta copine, respecte les distances qu'elle a prises avec toi mais dis-lui bien que tu désires être pour ta fille un bon père.

Quand il revient le lendemain au local, je lui remets un petit cadeau, un livre intitulé *Comment être un bon papa*, qui fourmille d'illustrations, de conseils et d'exercices à compléter. Il est très touché et ouvre le livre. Il nous dit qu'il est aux anges et ajoute, les yeux embués :

– Quand ma fille sera grande, elle aura ce livre dans les mains, elle verra que son papa a pensé à elle.

Au bout d'un long moment, il nous demande des crayons de couleur pour compléter les exercices et reste plusieurs heures au Rocher à travailler sur son livre en souriant.

À quelque temps de là, nous le rencontrons dans la rue. Tout heureux, il a vu sa copine, ils ont acheté le lit et tout le matériel pour le bébé. Sa joie fait plaisir à voir. Avec un grand sourire, manifestement content de nous revoir, il nous dit :

– Depuis que je vous ai rencontrés, je vois les choses différemment. Avant je n'avais que l'argent et le plaisir en tête. Maintenant j'ai compris que ce n'est pas ça la vie et que, d'abord, il y a l'amour.

Le temps passe et Ahmed, le grand jeune qui avait perturbé notre premier café philo, débarque au local :

– La vie d'ma mère (toute demande commence en général par cette phrase), tu me passes une voiture ? C'est la galère, mon frère.

L'association prête parfois une voiture en échange d'une photocopie du permis de conduire et de la signature d'un engagement précisant, entre autres choses, la date de retour qui, en général, n'est pas respectée à la minute. Donner sa confiance, c'est compliqué. On la donne. Point final. Si on montre qu'on n'y croit pas ou si on ne la donne pas, ça sera dur de créer une vraie relation. Avec les grands jeunes, quand on lie connaissance, on la donne même si parfois on met intérieurement la tête dans les épaules… Cette fois, après discussion pour essayer de savoir, sans succès, ce que contient la galère, nous prêtons la voiture à Ahmed.

Un mois plus tard, nous recevons au Rocher une première amende :

– Ahmed, tu as eu une amende.

– Au nom d'Allah (expression souvent annonciatrice d'un mensonge), j'te jure c'est pas moi, c'est quelqu'un du Rocher !

– Non Ahmed, regarde, c'est bien pendant la période où tu avais pris la voiture.

Puis nous recevons une seconde amende :

– Ahmed, tu as eu une autre amende, c'est dingue !

– Au nom d'Allah, j'te jure c'est pas moi…

Et, jamais deux sans trois, nous recevons une troisième amende :

– Au nom d'Allah, j'te jure…

Là, Pierre commence à s'énerver.

À la quatrième amende, la colère de Pierre monte et, devant de nouvelles dénégations, explose :

– Ahmed, tu te fiches de moi : tu n'as pas payé les trois premières amendes comme tu l'avais promis et il en tombe une quatrième. Tu me prends pour un con ?

Là, le garçon devient violent et menace de lui faire la peau :

– La vie d'ma mère, tu m'cherches. J'te dis c'est pas moi. J'vais t'étrangler.

Pierre ne bronche pas... ce qui m'étonne et l'étonne lui-même !

– Ahmed, si tu ne paies pas ces amendes, je donne ton nom à la police !

Le mot « police » déclenche une colère monumentale :

– Tu m'dénonces, j'te tue.

– Tue-moi si tu veux mais il faut que tu paies tes amendes. Tu es responsable de la voiture que tu nous as empruntée.

Le ton s'adoucit :

– Oui mais, Pierre, tu es chrétien, j'suis dans la galère, j'ai pas d'argent, il faut que tu m'aides, Le Rocher a les moyens de payer ! Et puis, si je paye, ils vont m'enlever tous mes points.

Avec un calme surprenant, Pierre enfonce le clou là où ça fait mal :

– Tu as le fric que tu veux pour acheter de l'alcool et te bourrer la gueule tous les soirs, donc tu peux payer. Et pour les points, tu n'avais qu'à respecter le Code de la route, ce à quoi tu t'étais engagé !

Ahmed redevient violent :

– Wesh, qu'est-ce que ça t'regarde que j'boive, c'est pas ton problème. Va-z'y mon gars, donne mon nom à la police et tu vas voir la vie que j'vais t'faire.

Trois semaines plus tard, Pierre envoie les quatre dossiers d'amende avec le nom et les coordonnées d'Ahmed, lequel, furieux, vient quelquefois au local, alcoolisé et violent, avec ses copains à la mine sombre, déverser son mal-être et menacer Pierre.

Le temps passe. Mais un soir, vers 23 heures, Fix, un jeune volontaire de l'équipe, reçoit sur son portable un appel téléphonique d'Ahmed :

– Frère, on est en galère, il faut absolument que tu loges Carglass, il est mal, faut qu'tu nous aides.

Probablement un grand jeune pisté par la police. Fix explique que ça n'est pas possible, que les appartements du Rocher ne sont pas faits pour ça et qu'il y a des hôtels dans le coin. Ahmed s'énerve, menace. Rien n'y fait, Fix ne change pas d'avis.

Mais il pense que ça n'est pas très « Rocher », de refuser par téléphone d'accueillir l'autre, et part seul à la rencontre d'Ahmed pour lui expliquer de vive voix son refus. La rencontre est violente, Ahmed a bu, ses potes de trottoir aussi. Fix reflue vers son appartement, se fait poursuivre et, dans l'escalier, se fait tabasser par eux. Grégoire, le volontaire qui partage son appartement, entendant du bruit dans l'escalier, passe la tête par la porte et court le défendre pour, à son tour prendre des coups. Tous deux réussissent à se dégager, à rentrer s'enfermer chez eux et à appeler la police. Trente minutes (!) plus tard, la patrouille de police arrive. Les policiers, sans quitter leur voiture, téléphonent à Fix :

– On est là, descendez vite !

Fix, toujours sous le choc des coups, leur demande d'attendre quelques instants pour préparer ses affaires dans l'idée d'aller dormir ailleurs. Mais lorsqu'il descend avec Grégoire cinq minutes plus tard, les policiers sont déjà partis.

À ce stade, Pierre n'est plus le seul à être menacé de mort… Il se sent moins isolé ! Incidemment, il rencontre la maman d'Ahmed avec qui Le Rocher a tissé des liens d'amitié. Se sentant en confiance, elle lui dit les soucis que lui donne son fils et Pierre lui raconte la pluie d'amendes arrivées au Rocher et l'altercation violente avec les deux jeunes volontaires. Très vite après cette rencontre, il voit la bande d'Ahmed venir vers lui, l'air mauvais :

– Enc…, fils de p… ! Vas z'y, on va te faire la peau parce que c'est même pas vrai qu'on boit !

À côté de lui, Karim, un garçon avec qui Pierre parle souvent, est affolé. Il le supplie :

– Pierre, pars, ils vont t'abattre.

Pierre, qui continue à s'étonner lui-même, reste calme et leur explique qu'il a parlé à la maman d'Ahmed comme un père à une mère à propos d'un enfant qui ne va pas bien. Le plus enragé, Géo, hurle :

– Tu as perturbé sa daronne, elle était au courant de rien, maintenant tu lui pourris la vie avec ce que tu lui as dit. Je te casse la tête, enc…

Et il brandit un bâton qu'il fait tournoyer devant sa figure à quelques centimètres de son visage :

– Géo, quand tu m'auras tué, ça te servira à quoi ? Regarde la vérité en face et arrêtez tous de vous mentir. Vous avez un problème d'alcool et vous devez le régler.

Ahmed arrive alors. Il est furieux :

– T'as pas à mêler ma mère à mes problèmes !

Il ne menace pas de le tuer mais Pierre sent que s'il pouvait lui en mettre une, il le ferait. Pierre essaie à nouveau d'expliquer qu'il a agi en père de famille, et qu'il aimerait l'aider à s'en sortir. Le dialogue est impossible. Ahmed est dans le déni et Pierre ne fait que l'énerver davantage. Le mieux pour lui est de s'éloigner, la démarche assurée, alors qu'au-dedans de lui, il tremble !

J'avoue que tout cela me perturbe quand, de plusieurs côtés, nous remonte l'information que nous redoutions : Ahmed est en prison. Son frère me le confirme et m'apprend par la même occasion qu'un autre de ses frères va y aller aussi. Et qu'ils ont mis un contrat sur la tête de Pierre !

– Normal, c'est de sa faute si mes frères sont en prison.

Ben voyons. Pierre de son côté croise Géo, le plus violent des « amis » d'Ahmed, comme lui dans la spirale du trafic, de l'alcool, des infractions… Visage fermé. Pierre lui tend une main que celui-ci refuse :

– Et pourquoi, j'te prends la main, fils de p… ?

– Géo, on peut parler sans que tu m'insultes ?

Il se met alors à tourner autour de lui.

– La vie d'ma mère, j'te fais la peau, tu dis que mon pote Ahmed il boit ! Tu dis que j'bois alors qu't'as pas à le dire.

Comme s'il fallait qu'il le dise ! Toute la cité est au courant... Pierre le regarde dans les yeux pendant qu'il tourne. Au bout de trois tours, il s'arrête, lève ses bras :

– Tu vois, j't'ai pas tué.

Et il ferme alors le couteau qu'il a dans les mains :

– T'as de la chance, ta femme elle est bien alors je ne te tue pas !

Et ça recommence quelques jours plus tard. Nous accueillons une patrouille scoute avec qui nous organisons des jeux pour les enfants du quartier. Géo passe devant nous. Bien imbibé. Il voit Pierre :

– Enc... fils de p... (ma pauvre belle-mère, si elle savait...), j'te casse la tête.

– Géo, arrête de m'insulter chaque fois que tu me vois, ça suffit !

Le garçon se redresse, le toise, pose son sac sur une bordure de trottoir et enlève sa chemise avec lenteur en expliquant tout ce qu'il va lui faire. Ouille, il a l'air décidé ! En plus, il est musclé, le mec. Les petits scouts roulent des yeux effarés et Pierre est assez embêté. Géo commence à marcher vers lui façon western quand surgissent de la salle de prière voisine deux barbus furieux qui le prennent sous les bras, lui demandent de se rhabiller et d'aller vociférer ailleurs. Miracle d'Allah ou peur des mollahs, il obtempère, se rhabille et part. Il faudra ensuite rassurer les scouts en prétendant que c'était une blague de Géo mais ils n'en croiront pas un mot ! Pierre ne pense pas être plus courageux qu'un autre ; curieusement pourtant, il n'a pas eu peur et n'a jamais éprouvé pour ses agresseurs qu'une immense compassion. Quelle grande souffrance est la leur pour ne pas s'accepter, pour ne pas s'aimer, pour vivre dans le mensonge et se tirer les uns les autres vers le bas dans leur désœuvrement, leurs addictions, leur violence.

En arrivant dans la cité, j'avais demandé aux filles volontaires de l'année précédente si elles s'étaient parfois senties en difficulté. « Jamais », avaient-elles répondu toutes les trois avec une belle unanimité. Moi-même, je n'ai jamais été menacée et je n'ai jamais eu peur. Mon statut de grand-mère y est pour beaucoup : en effet, dans la cité, les mères, et plus encore les grands-mères, sont très respectées. Cela a frappé une de mes nièces étudiante venue faire pendant une semaine la découverte du Rocher. Elle a assisté à l'irruption violente d'un grand jeune au local, qui s'est mis à insulter tout le monde. Selon elle, il a suffi que j'entre pour qu'il devienne instantanément doux comme un agneau. Mon âge et mes cheveux blancs l'expliquent indépendamment de ma personne. Par ailleurs, pendant notre première année, Montand était là pour gérer les difficultés avec eux.

Mais pourquoi Pierre a-t-il connu pareilles difficultés avec les grands jeunes ? Un éducateur extérieur, qui nous aidait à relire nos pratiques, a rassuré Pierre : si ces grands jeunes venaient si souvent à lui, c'est qu'ils voyaient en lui le père dont ils avaient manqué et l'autorité à laquelle ils avaient besoin de se confronter, même s'ils la rejetaient. Ces altercations les ont-elles aidés à réfléchir ? Nous l'espérons, sans en être bien sûrs !

Liberté, Égalité, Couscous

Heureusement, ces moments de tension et de menaces sont loin d'être quotidiens et nous vivons de beaux moments d'amitié et de détente. Nous participons par exemple à une journée étonnante, organisée par deux amis formidables, un musulman et un protestant, présidents de deux belles associations. Leur objectif est d'accompagner des projets de coopération internationale, basés sur la solidarité entre les immigrés résidant en France, leurs pays d'origine et les Français : par exemple un immigré béninois vivant en France qui fait construire une école dans son village. La journée sert à faire connaître ces initiatives.

Deux choses nous ont frappés. La première est que la salle est composée d'une majorité de musulmans et de quelques chrétiens, et que le débat principal est animé par notre imam et notre curé, tous deux adeptes du dialogue interreligieux. Tout, dans leurs propos, reflète une inspiration spirituelle. Or les quelques hommes politiques présents acquiescent et, visiblement, apprécient. La seconde est que le spectacle de clôture, « Liberté, Égalité, Couscous », raconte la conversion de Saïd Oujibou au protestantisme. Compte tenu du public présent, nous sommes étonnés du choix. Or le comédien retrace son parcours avec beaucoup de délicatesse, il parle de la façon pleine d'amour dont il a été accueilli dans un temple alors qu'il pistait sa sœur, à la demande de sa mère inquiète de la voir s'intéresser à la Bible. Son récit est émaillé d'humour, de mots arabes, juifs, et de sabir. Mes amies musulmanes du café des femmes, comme tous les musulmans de la salle, rient de très bon cœur.

Des conversions de musulmans au christianisme, il y en a, tout comme il y a des conversions de chrétiens à l'islam et il faut se réjouir de vivre dans un pays qui permette à chacun de choisir et de pratiquer sa religion. Par exemple, Joseph, qui vient nous accompagner à l'aide aux devoirs. Il est baptisé alors que sa charmante et ravissante épouse, d'origine sénégalaise, est musulmane. Un jour, Joseph nous prend à part pour nous dire, à notre grand étonnement, qu'il s'est converti à l'islam depuis quelques mois. Nous l'écoutons avec bienveillance, même si son aveu nous bouscule. La pression de sa belle-famille a pesé dans sa conversion, mais il dit aussi avoir été attiré par le caractère collectif de la pratique religieuse :

– La prière à la mosquée, c'est une cérémonie des corps, presque une chorégraphie.

Et par la beauté de la psalmodie du Coran, même s'il ne le comprend pas. Toutefois, nous le retrouvons un jour à la messe :

– Toi ici ?

– Je n'ai pas rompu les ponts et peut-être qu'il me manque quelque chose que je ne trouve pas dans l'islam ? nous dit-il avec un grand sourire.

Il semble écartelé.

Des trois couples mixtes que nous avons connus, c'est certainement le sien le plus atypique. Lui et son épouse sont profondément croyants et ont le souci de transmettre leur foi. Leur bonté à tous les deux reste pour nous l'essentiel de leur témoignage. Dieu reconnaîtra les siens à l'amour ! Le cas des deux autres couples est différent. Il s'agit de Françaises qui, ayant épousé un musulman, sont devenues musulmanes en adoptant les pratiques musulmanes. Élevées dans une complète indifférence religieuse, elles ont adopté les préceptes de l'islam plus ou moins strictement : voile pour l'une, *burqa* pour l'autre, silence sur sa conversion pour l'une, prosélytisme agressif pour l'autre.

Sur un grand tapis posé au pied d'une barre d'immeubles, des jeunes sont assis et discutent. Nous nous approchons et ils nous invitent à nous joindre à eux. Chacun se présente. Il y a là Bilel :

– Je suis baptisé, mon nom était Bienvenu, j'ai fait ma confirmation mais je me suis converti à l'islam.

Quand nous l'interrogeons sur les raisons de sa conversion, il nous parle du Coran, de la « musique des versets », de l'environnement musulman de la cité. Mais ne sait nous dire ni où, ni quand, ni comment, ni pourquoi cette conversion :

– C'est personnel, ça ne peut pas s'expliquer.

Je demande :

– As-tu dû renier ta foi catholique ?

Il répond par la négative :

– Non, l'islam est une religion de tolérance.

Je lui dis :

– Mais pourtant, tu as été baptisé. Maintenant, comme musulman qui as prononcé la *chahada*[1], qui est Jésus pour toi ?

1. La *chahada* est la profession de foi musulmane : « Il n'y a de Dieu que Dieu et Mahomet est son prophète. » Pour un chrétien, il n'y a pas d'autre prophète après Jésus-Christ. Ainsi, prononcer la *chahada* c'est renier la divinité de Jésus.

Il ne sait pas bien quoi répondre et insiste sur le fait que toutes les religions se valent, qu'il ne faut pas s'enfermer dans des détails. Cher Bilel-Bienvenu, qui cherches Dieu du fond de ton âme, il te faut pourtant creuser ces détails de ta foi. « La recherche de la vérité vous conduira, au-delà des valeurs intellectuelles, jusqu'à la dimension spirituelle de la vie intérieure » : je ne peux m'empêcher de penser à ce conseil donné par saint Jean Paul II à plusieurs dizaines de milliers de jeunes Marocains dans le stade de Casablanca en 1985.

Un jour Pierre fait la connaissance d'un dénommé Michel qui, bizarrement et malgré son prénom, parle fort mal le français. Il lui apprend alors son histoire. Négro-Mauritanien, il s'appelait Mohamed et était esclave dans une tribu maure. Pour fuir ses bourreaux, il s'échappe une première fois mais est rattrapé. Ses maîtres lui coupent les tendons d'Achille pour qu'il ne puisse plus partir. Il réussit à remarcher malgré l'absence de soins et s'évade une seconde fois. Définitivement. Il passe le fleuve Sénégal où une famille sénégalaise chrétienne l'accueille. Dans la case, il voit une image de Jésus miséricorde :

– Où est-il celui-là ? demande-t-il en peul. Je veux le voir, je le connais !

Ses hôtes se moquent gentiment de lui. Mais il leur explique :

– Quand j'étais prisonnier, au fond de ma détresse, il venait me voir pour me consoler.

La famille sénégalaise comprend que Jésus l'a visité et lui propose de l'aider à aller en France. De façon rocambolesque et improbable, il arrive à Marseille, réussit à sortir du port sans se faire arrêter, tombe sur un compatriote mauritanien qui, après avoir écouté son histoire, lui conseille d'aller aux Mureaux voir le curé de la paroisse. Il part en stop, croise un camion qui va dans le Nord et accepte de le laisser à l'entrée des Mureaux. Il voit le curé qui, d'abord incrédule, acceptera sa demande de l'accompagner vers le baptême.

Un autre jour, nous croisons une famille maghrébine. Le père et la mère bras dessus, bras dessous et leurs enfants qui portent une croix autour du cou. Bizarre ! Ce doivent être des Palestiniens. Nous les abordons : oh joie, ce sont des Tunisiens. Alors, on parle du pays, de sa douceur de vivre, de ses couchers de soleil, de ses paysages, des souks de Tunis. Et puis, la question qui brûle les lèvres :

– Mais vous êtes chrétiens ?

Elle, Meriem, était pharmacienne et s'est retrouvée dans le coma à la suite d'un accident. Comme Michel, Jésus la visite. À son réveil, elle décide de devenir chrétienne. Son mari entre un jour dans une église. Là, une grande paix et une immense joie l'envahissent :

– J'ai reçu une effusion de l'Esprit Saint, nous dit-il.

Ils s'adressent à l'Église catholique à Tunis qui rechigne à prendre leur demande de baptême en considération et leur explique qu'il vaut mieux rester musulmans. Ils rencontrent alors des évangéliques qui les accueillent à bras ouverts. Mais ils les quittent assez vite :

– Trop d'argent qui attire et trop de conversions factices.

Finalement, comme c'est trop dur de vivre leur foi nouvelle chez eux, ils laissent tout, pharmacie, appartement, voiture, et émigrent en France. Ils vivent désormais en cité, sans emploi car leurs diplômes ne sont pas reconnus. Mais ils débordent de joie. Ils nous épatent par leur courage et leur confiance absolue dans l'avenir.

À quelque temps de là, profitant d'un week-end de liberté, notre fille Pascaline nous propose de nous amener des amis à elle, Ahmed et Azadeh, Roméo et Juliette iraniens. Ils s'aimaient mais les parents d'Azadeh voyaient d'un très mauvais œil ce qu'ils percevaient comme une mésalliance et refusaient le mariage. Montaigu et Capulet, leurs amours étaient contrariées et leur désarroi, immense. Une amie d'Azadeh lui conseille d'aller dans une église chrétienne prier Meriem. Elle lui aurait proposé de rebâtir Persépolis qu'elle l'aurait fait, tellement elle aime son Ahmed ! Elle entre dans une église de Téhéran et se sent illuminée de joie et de paix. Quelques jours après, un de ses oncles donne l'accord nécessaire à leur mariage. Cela précipite la conversion d'Ahmed. Ils la cachent à leurs familles, se marient en Iran sous le rite chiite et viennent en France pour poursuivre leurs études et pouvoir vivre leur foi nouvelle librement. Ils reçoivent le baptême une nuit de Pâques mais continuent de cacher à leurs proches les véritables raisons de leur départ, par peur des représailles.

Pas de prosélytisme !

Nous vivons quotidiennement en terre d'islam, c'est-à-dire dans un monde profondément religieux. Alain entre au local.

Je l'accueille. Il est à la retraite depuis deux jours et veut se rendre utile. Ayant entendu parler du Rocher, il vient proposer son aide :

– Mais, dit-il, je ne connais rien ni aux cités, ni à leurs habitants.

Nous lui donnons quelques éléments de compréhension de ce monde nouveau pour lui et nous convenons qu'il pourrait très bien nous aider à l'alphabétisation. Je lui propose de se jeter à l'eau et, pour l'épauler, d'être avec lui au début de sa première séance, de le présenter à Mohamadou et à Hossein, deux migrants maliens, puis de le laisser commencer. Cela le rassure. Le jour venu, après avoir mis tout le monde en relation, je laisse Alain à la manœuvre.

Tout en m'affairant à ranger le coin cuisine qui se trouve dans la même salle, j'assiste donc discrètement aux premiers pas d'Alain. Après les salamalecs d'usage, il risque une question plus précise :

– Vous êtes musulmans ?

Bien évidemment !

– Parce que moi, je viens d'une famille athée.

Je vois sur le visage des deux Maliens une totale incompréhension : « Athée ??? » Alors Alain explique ce qu'est un athée. Nos deux lascars, d'abord interloqués, éclatent d'un rire sonore qui semble ne pas finir et l'un d'eux dit en hoquetant :

– Mais ça, c'est pas possible, c'est pas possible !

Là réside peut-être le principal fossé entre notre façon moderne de vivre sans référence spirituelle aucune et la culture profondément ancrée en Dieu de nos amis des cités. Et là réside peut-être aussi l'incompréhension de certains politiques pour qui la laïcité consiste à occulter le fait religieux. Pour d'autres, le danger suprême dans la cité serait que les chrétiens osent parler religion.

Je reçois un jour dans le bureau de notre responsable la visite du directeur des services techniques d'une importante collectivité territoriale. Nous passons deux heures à décortiquer les activités, le rôle et l'impact du Rocher dans la cité et dans la ville. Il est enthousiaste :

– Le Rocher, c'est extraordinaire, vous réalisez ce que peu d'associations réussissent à faire.

Je suis contente de l'entendre, moi qui, souvent, très souvent, me pose la question de l'utilité de notre présence en cité.

– Mais, ajoute-t-il, le problème, c'est que vous êtes marqués !

– Marqués ?

– Oui, marqués ! insiste-t-il.

Et il montre du doigt la vitre derrière moi, qui donne sur l'église :

– Ah, parce que nous sommes dans les locaux d'une église ?

Il sourit, soulagé :

– Exactement !

J'enchaîne :

– Eh bien, heureusement que les curés sont là : pas de curé, pas de local. Pas de local, aucune de ces activités du Rocher qui nécessitent un local, et que vous trouvez très bien, n'aurait pu se faire.

Un peu désarçonné, il objecte :

– Oui, mais, visiblement, les curés trouvent leur intérêt à votre présence !

Là, et j'ai l'impression de l'achever :

– Au moins autant que votre administration qui finance les extraordinaires activités du Rocher !

À partir de ce moment, enfin, nous pouvons discuter en vérité et je peux témoigner paisiblement de notre engagement.

Quelque temps après, nous rencontrons un énième responsable politique. Il s'extasie lui aussi sur Le Rocher :

– Ce que vous faites est extraordinaire !

Et de nous passer de la pommade dans tous les sens. Tout à coup, il me prend le bras et nous regarde tous d'un air grave :

– Mais surtout, je vous en conjure, pas de prosélytisme !

En équipe, nous en avons assez et plus qu'assez de ce conseil infondé et suspicieux ! Quand je pense qu'on a en France des lois sur la laïcité qui reconnaissent le fait religieux et qui en encadrent la pratique dans le respect du bien commun ! Que tous ces « politiques » qui viennent nous faire la leçon les relisent ! Qu'ils relisent les textes de 1905, 1946, 2004 et 2010 qui établissent la liberté de conscience et de culte, qui interdisent la discrimination religieuse et qui précisent ce qui peut ou non être fait ! De plus, je sais le soin que les responsables du Rocher portent au respect de la laïcité et des lois de la République, que nous portons tous, salariés, volontaires ou bénévoles. Un préfet de région qui connaît bien notre association nous dira d'ailleurs un jour avec conviction :

– Le Rocher est un exemple de laïcité et de respect républicain.

Deux jours plus tard, un copain m'envoie malicieusement un bouquin sur la laïcité. L'auteur[1], professeur au parcours riche, explique que l'examen des faits montre que, depuis l'origine dans le monde chrétien, l'histoire de la laïcité fut plus souvent le combat d'émancipation de l'Église pour échapper à la mainmise des États que celui des États pour se libérer de la tutelle des religions. Tiens, tiens: politiquement incorrect? En tout cas, ça mérite réflexion.

En rentrant chez nous un soir, nous tombons sur Khaled; Khaled est le président d'une association créée par des jeunes de la cité. Cela se fait beaucoup, d'aider des jeunes à créer une association, de leur donner des subventions et des locaux et de passer une convention pour que leur association puisse recevoir des volontaires en service civique. Khaled réussit ainsi à en avoir une dizaine. Quand nous entendons ce qui se dit dans cette association, nous sommes souvent étonnés de la radicalité de certains propos qui flirtent parfois avec le salafisme! Si bien que Pierre ne résiste pas à poser, d'un air grave, la question qui tue:

– Khaled, quand tu rencontres un officiel, par exemple le délégué du préfet, le député ou quelqu'un de l'administration, est-ce qu'il te demande, à chaque fois, de ne pas faire de prosélytisme?

– Wesh, mon frère, c'est quoi ton pro-sé-ly-tis-me?

Et Pierre d'expliquer:

1. Jean-François Chemain, *Une autre histoire de la laïcité*, Versailles, Via Romana, 2016.

– C'est quand tu cherches à convaincre l'autre de ta foi ou de ta religion.

Il regarde Pierre, ahuri :

– La vie d'ma mère, s'il m'interdit ça, j'lui casse la tête !

Un peu plus tard, Pierre relate cette conversation au délégué du préfet en s'étonnant qu'il ne soit pas demandé aux musulmans de ne pas faire de prosélytisme. Un peu gêné, ce dernier le reconnaît.

Jeanne d'Arc

Nous rendons régulièrement visite à Nadia, la maman de Mourad qui s'enfonce de plus en plus dans la délinquance. Elle s'arrache les cheveux, menace cent fois de le mettre à la porte et nous recueillons souvent, avec Pierre, ses pleurs et ses angoisses. Ce jour-là, miracle, Pierre réussit à convaincre Mourad d'accepter d'aller à l'Epide[1] se renseigner pour une éventuelle inscription. L'Epide est une école pour jeunes en grande difficulté, bâtie sur des principes militaires : uniforme, lever des couleurs, horaires contraignants, discipline… Du beau travail commencé il y a quelques années. Il y a plusieurs centres en France. Le rendez-vous à l'école a lieu le 18 avril à 9 heures, à soixante kilomètres de la cité. Pierre convient avec Nadia de venir chercher Mourad vers 7 heures :

1. www.epide.fr

– *Ouallah*, pas de problème, ce soir je lève la porte de sa chambre.

– Tu enlèves la porte de la chambre de Mourad ??? Mais pour quoi faire ?

– Demain matin, si le petit veut pas se lever, je peux rentrer facilement dans sa chambre pour le sortir du lit !

Et le lendemain, à 7 heures tapantes, Pierre frappe à la porte. Nadia ouvre ; Mourad, l'œil terne et la mine pâle, est assis au salon devant une copieuse collation qu'il refuse de manger, au grand désespoir de sa mère. Il lui faut parlementer pour que le petit puisse partir sans avoir petit-déjeuné. Elle lui confie un sac de nourriture, au cas où « le petit il aurait faim ». Il faut savoir qu'on sera de retour dans la journée mais Pierre a l'impression qu'ils partent pour trois mois ! Une heure plus tard, il laisse Mourad à l'Epide et va se balader dans les environs, la séance de sélection durant un bon moment. Dans chaque village une charmante église, une jolie place ou un petit château quand tout à coup un panneau indiquant « Rouen 30 kilomètres » lui donne envie d'y emmener Mourad. De retour à l'Epide, il le récupère et accepte de ramener aux Mureaux Lalia, une de ses copines venues à l'Epide en train le matin. Au bout d'un moment, il tente :

– Les jeunes, vous aimeriez que je vous présente Jeanne d'Arc ?

– Qui c'est c'te daronne ?

Et Pierre explique : une bergère. À 13 ans, le Ciel lui parle. Catherine, Marguerite et même saint Michel. Rien de moins !

À 17 ans (« ton âge, Mourad »), en quelques mois, elle redonne espoir à tout un pays en situation désespérée :

– Vous savez les jeunes, vous pouvez vraiment vous inspirer d'elle. Elle vous aidera à sortir de votre vie sans objectif, à vaincre votre désespérance et à vous rendre l'enthousiasme.

– Au nom d'Allah, on veut aller la voir.

Demi-tour vers Rouen. Pendant trente bonnes minutes, Pierre évoque Jeanne d'Arc. Elle fédère. Elle rassemble. Elle exhorte. Elle lève une armée. Elle combat l'envahisseur anglais. Elle donne courage au futur roi. Elle l'emmène à Reims se faire sacrer. Elle sauve la nation.

– Et elle avait tout juste votre âge !

Elle est toute simple, vive, enjouée, intrépide, joyeuse. À 19 ans, elle est capturée, vendue aux Anglais, jugée, condamnée pour hérésie et brûlée vive à Rouen. Au cours de son procès, elle prédit que les Anglais seront boutés hors de France, ce qui se fera six ans plus tard. Ils l'écoutent et boivent ses paroles. Capter l'attention de Mourad cinq minutes d'affilée, c'est mission impossible. Mais y réussir pendant trente minutes, il n'y a que Jeanne d'Arc pour y parvenir.

Arrivé place du Vieux-Marché, au lieu même de son supplice, Pierre montre la croix mémorielle en béton et leur dit d'un ton solennel :

– C'est là qu'elle a été brûlée vive.

Visiblement impressionné, Mourad constate :

– Ça se voit, frère, y'a encore les traces du feu.

Et il montre des traces noirâtres laissées vraisemblablement par le feu d'un clochard contre la croix pour se réchauffer !

Quelques semaines plus tard, Mourad est accepté à l'Epide. Il consent à y aller pour huit mois. C'est une chance inouïe qu'il a. Pierre l'accompagne pour sa première rentrée. Las !!! Quelques jours plus tard, le téléphone sonne. C'est Henri, l'éducateur de l'Epide. Le coup de fil redouté : Mourad se met avec les plus mauvais, il chahute dès qu'il en a l'occasion, il fait du mauvais esprit, il ne veut pas communiquer, il ne veut pas se couper les cheveux. Bref, il risque l'exclusion. Pierre file à l'Epide et passe un très long moment avec lui et deux autres éducateurs à parler du garçon. Ils acceptent de le garder encore quinze jours à l'essai et demandent qu'à son retour chez lui ce week-end, Pierre voie Mourad. Miracle : transformé, cheveux courts, belle gueule. Ce garçon est déconcertant ! Mourad lui jette un regard amusé, du style : « Je t'ai bien eu ! »

Victoire de courte durée : nouveau coup de fil d'Henri trois jours plus tard. Mourad n'est pas revenu à l'Epide. Pourtant, il s'est coupé les cheveux, c'est à n'y rien comprendre. Pierre le cherche désespérément dans la cité, tourne pendant trois heures pour finalement le trouver en bas d'un immeuble en train de glander avec ses potes :

– J'suis en maladie, lui dit-il avant même qu'il ait ouvert la bouche.

– Et comment le savent-ils, à l'Epide ?

– Wesh, et toi comment tu sais que j'suis pas à l'Epide ? Tu m'espionnes ?

– Oui, je te piste et ne te lâcherai pas. En tout cas, tu vas être viré de l'Epide.

Ses potes se mettent à rigoler et Pierre est furieux. Mourad s'embrouille en lui expliquant qu'il se fera faire un certificat médical antidaté.

– Tu triches Mourad. Tu triches avec toi-même. Tu triches avec ton médecin. Tu triches avec l'Epide. Tu triches avec moi. C'est moche, tout ça !

– Je triche ?

Il éclate de rire, ses potes avec lui.

– Oui, et tu bousilles ta vie.

– Mais Pierre, c'est la règle ici. Tout le monde triche. Y a pas d'vérité, frère ! Que d'la débrouille. Si j'me fais respecter en trichant, j'ai gagné, la vie d'ma mère. Quand l'Epide verra mon certificat, ils vont me manger dans la main, va z'y mon gars.

Pierre réussit à convaincre Henri de ne pas lâcher le garçon. Il accepte donc le faux certificat médical et récupère Mourad le surlendemain. Mais il n'a pas le temps de souffler qu'il reçoit un nouveau coup de fil d'Henri : sous les cheveux du cher Mourad, il y a le nez et sous le nez, la moustache. Elle est celle, peu fournie, d'un adolescent et Mourad ne veut pas la raser. Henri se montre intransigeant. Règlement Epide contre tête de bourrique… Et deux semaines plus tard, fini de jouer, l'Epide baisse les bras. Chahut de nuit, retards, insolences… le dossier Mourad est bien chargé. Résultat, il tire la classe vers le bas, obligeant les éducateurs à lui consacrer trop de temps et les empêchant de faire évoluer les autres. Il est viré. Tristesse supplémentaire : ses potes, qui se moquaient de lui quand il est parti à l'Epide, se moquent maintenant de lui parce qu'il s'est fait virer.

Alors, notre Mourad revient en cité et replonge dans son quotidien délétère. Il fête ses 18 ans et ce qui devait arriver arrive : il se retrouve en prison. Quelques semaines après son incarcération, à 2 heures 59 du matin, SMS de Mourad sur le portable de Pierre : « Quand j'entends parler de Jeanne d'Arc, je pense à toi direct, même Lalia me parle d'elle. » Du fond de sa cellule, en pleine nuit, il pense à Jeanne d'Arc ?

Baden Powell en cité

Nous sommes persuadés que le scoutisme peut être, pour certains adolescents délaissés, une école de citoyenneté et d'apprentissage de la maîtrise de soi. Baden Powell a fondé le scoutisme pour la jeunesse britannique désœuvrée des quartiers difficiles. Pourquoi ne pas essayer?

Justement, nous recevons le coup de fil au Rocher d'un chef de patrouille d'un mouvement scout qui propose de participer à l'une de nos activités. Ça intéresse toute l'équipe. Dès que l'occasion se présente, nous lançons une perche :

– Eh ! Les garçons, vous aimeriez dormir sous la tente et passer un week-end avec des scouts ?

La réponse est immédiate :

– On va faire du scooter ?

Après avoir visité les familles et obtenu l'accord écrit des parents, Pierre emmène seul (grave erreur) huit garçons surexcités de la cité, musulmans et chrétiens, pour vingt-quatre heures de découverte du scoutisme dans une propriété de Bougival généreusement ouverte aux activités scoutes. Les garçons débarquent le matériel, Pierre va garer la camionnette et quand il revient, il se heurte au propriétaire :

– C'est quoi ce truc, j'ouvre mes bois à des scouts et je vois débarquer une horde de jeunes Blacks et d'Arabes !

Il y a maldonne : le chef de patrouille a réservé la date sans explication. On parlemente et tout rentre dans l'ordre, même si Souleiman, 15 ans, glisse à l'oreille de Pierre :

– Ce daron, si tu savais comme j'ai envie de le frapper !

Mais le soir, pendant la veillée autour du feu à laquelle le propriétaire assiste, médusé, tous les garçons ont la tête dans les étoiles et c'est sans hésitation qu'ils apprennent puis chantent une prière du soir que tous les scouts, quelle que soit leur religion, chantent : « Avant d'aller dormir sous les étoiles, doux maître, humblement, à genoux, tes fils t'ouvrent leur cœur sans voile, si nous avons péché pardonne-nous. » Le lendemain, Souleiman nous prend à part :

– J'ai bien aimé la veillée hier et le chant que les scouts nous ont appris.

– Ça te plaît les scouts ?

– Oui, beaucoup.

– Mais tu es musulman et il y en a d'autres qui sont chrétiens ?

La réponse fuse :

– Si vous faites quelque chose, je m'occupe des musulmans !

Dix minutes après, il revient avec Jérémie :

– Voilà, vous lancez les scouts, moi je m'occupe des musulmans et Jérémie s'occupe des chrétiens.

Pierre pense alors à sa maman qui avait créé en Tunisie une unité de guides musulmanes…

Quelques jours plus tard, nous rencontrons l'imam et son conseil. Pierre explique ce qu'est le scoutisme, l'idée étant de créer quelque chose en cité. Les yeux de l'imam s'arrondissent au fur et à mesure qu'il parle : c'est du chinois pour lui. Mais tout à coup, un vieil Algérien assis à côté de l'imam l'interrompt et fait le salut scout. Puis il se tourne vers l'imam :

– J'étais scout en Algérie. Les scouts, c'est très bien pour les jeunes.

Il a 80 ans et a passé sa jeunesse chez les scouts musulmans dans l'Algérois. Nous créons alors un groupe de travail paroisse-mosquée pour examiner le projet. À la demande des garçons, un second week-end est organisé avec la même patrouille scoute. Ce ne sont pas tout à fait les mêmes garçons qui y viennent mais ils sont douze et l'enthousiasme ne faiblit pas.

Quand les vacances de printemps se profilent, l'idée d'un camp en Ardèche se précise. Les jours qui précèdent le départ, l'encadrement reçoit chaque jeune pour bâtir avec lui ses objectifs de camp : quelles sont tes attentes par rapport au camp ? As-tu des craintes éventuelles ? Que veux-tu faire pour que tout se passe bien ? Comment vas-tu t'impliquer dans la vie du camp ? Sur quel aspect aimerais-tu progresser : politesse, esprit de groupe, attention aux autres, service, effort, obéissance, ordre, propreté, autre… Les réponses sont écrites sur une fiche individuelle qui servira à faire un point régulier avec chaque garçon pendant le camp. Au début, ils devaient être douze et, après trois semaines de « je viendrai », « je viendrai pas » et de « *Inch Allah* », ils seront sept à se présenter le jour du départ. Pierre part avec trois volontaires ou bénévoles pour les encadrer. Quatre pour douze, c'était un peu tendu, quatre pour sept, ça doit se faire ! Onze jours pour vivre dans la nature, une nature particulièrement sèche ce printemps-là. Arrivés sur le lieu de camp, montage des tentes puis barbotage dans une rivière qui coule à peine. Premier bain, d'abord timide :

– Beurk, y a d'la boue !

C'est vrai que ça change de la piscine municipale. Puis ils deviennent franchement joyeux. L'eau est fraîche, les garçons se détendent. Très vite :

– Ooaa, y a des poissons !

Puis :

– Ooaa, comme ils ont peur.

Alors, l'un d'eux, face hilare, de commenter :

– Normal, c'est la première fois qu'ils voient des Noirs et des Arabes !

Je ne fais pas moi-même partie des encadrants mais, grâce aux propriétaires, je passe mes vacances « en dur » dans leur maison et Pierre me raconte chaque jour les péripéties de la journée. Un soir les garçons fêtent l'Aïd en différé et viennent, après le repas, en tenue traditionnelle, me chanter les chants appris au camp. Ils me font fondre tellement ils s'appliquent à bien chanter. Les entendre entonner *Avant d'aller dormir sous les étoiles* me touche particulièrement.

Avant le départ, il avait été précisé aux parents que le camp se ferait sous le regard de Dieu avec deux aspects : bénédicité avant chaque repas (*bismillah*) et le soir chant pour confier à Dieu la nuit de leur enfant. Cela les rassurait tous ! Au début du camp, trois exigences sont posées : pas de gros mots, pas de mensonges, demander pardon. Le pardon est rare en cité. Parfois même, il est vécu comme une marque de faiblesse. À partir de la fiche établie avec chaque garçon avant le camp, les encadrants évalueront avec lui, deux fois pendant le séjour, les progrès réalisés. Les garçons adorent : on s'occupe d'eux personnellement, on prend le temps de les écouter, on les aide à découvrir qu'ils ont en eux des trésors, on leur permet de comprendre que l'effort fait sur eux-mêmes ou avec les autres les fait grandir. Ils se sentent aimés.

Comme le camp est installé à quelques centaines de mètres de deux troupes scoutes, et dans la même propriété, c'est l'occasion d'avoir avec elles des activités communes. À la fin d'un rassemblement où nos garçons assistent, médusés, au lever des couleurs, chacun d'eux va dans l'une des sept patrouilles scoutes du camp voisin. La mayonnaise prend. Trois activités seront réalisées en commun avec les scouts : un grand jeu, une journée service et une veillée, belles occasions données à tous de parler et d'échanger.

Au cours du grand jeu, soudain un petit scout se met à faire quinze pompes. Interrogations de nos garçons :

– Il a dit un gros mot, alors il répare.

Petits ricanements narquois. Pire encore, le garçon se relève et se tourne vers son chef :

– Merci chef !

Nouvelles interrogations :

– Il remercie son chef qui, en le punissant, l'aide à grandir.

Ébahissement des garçons qui se chargent alors de conseiller le petit scout façon cité :

– Vas-y mon gars, le chef, tu l'butes s'il t'emmerde !

Par la suite, notre étonnement est de constater qu'ils s'y mettent eux aussi. Ce n'est pas sans plaisir que nous les voyons, d'eux-mêmes, faire des pompes après gros mots, disputes ou colères :

– Ouala, j'ai dit « tu m'casses les couilles », j'aurais pas dû, la vie d'ma mère !

Ce qui les marquera davantage, c'est de participer activement à la veillée avec les scouts qui se surpassent en qualité. Les chefs nous remercieront beaucoup, nous disant que leurs garçons ont eu à cœur de faire de leur mieux pour faire plaisir aux nôtres. Sketchs, chants, jeux : à chaque fois nos garçons participent avec joie, chacun dans sa patrouille. En fin de veillée, le chef scout demande à Pierre s'ils peuvent prier, comme ils le font chaque soir. Comme nous sommes invités, Pierre acquiesce. Nos garçons chantent alors de tout leur cœur, fiers de le faire avec les scouts, *Avant d'aller dormir sous les étoiles*. Le chef explique ensuite que la troupe récite une dizaine de chapelet à Marie et donne le sens de cette prière. Pierre sent un jeune musulman se raidir :

– Eh, mais on est musulmans!

Nous entendons alors la voix claire d'un petit scout:

– Marie, nous te confions nos nouveaux amis des Mureaux qui sont avec nous ce soir.

La joie de ce petit scout et le sourire de nos garçons valent alors toutes les rencontres interreligieuses!

Pour faire le bilan, nous posons trois questions à nos garçons au cours d'un « dîner-débat »: quelles sont les trois activités que vous avez aimées, les trois que vous n'avez pas aimées, est-ce que vous voulez continuer l'aventure? Il est trop long de donner le détail des interventions mais pour tous, les points forts ont été la rencontre avec les scouts, la veillée, le grand jeu, les pompes. Je note une phrase: « Les scouts, quand on leur demande un service, ils obéissent, ils le font, et ils le font joyeusement. » Quant à continuer l'aventure, ils sont tous archipartants… avec les scouts.

Où sont les pères?

Nous ne voyons pas ou presque pas les pères qui travaillent: ils sont au boulot ou parfois au bistrot le soir ou le week-end. Nous les croisons dans nos tours de rues, nos tours de bars ou de magasins. Pierre n'hésite pas à aller vers eux en respectant le rituel de la salutation qui oblige à demander une, deux, voire trois fois des nouvelles des femmes et des enfants, même si on ne les connaît pas, et bien sûr, de la santé de chacun!

Un soir, nous sortons d'un centre social et tombons sur Mohamed. Son sourire nous invite à discuter avec lui. Il a

66 ans, est venu en France à 6 ans, y a fait toute sa carrière et s'occupe maintenant des jeunes. Il se montre sévère pour les pères qu'il juge démissionnaires :

– Si je le fais pas, c'est pas leurs pères qui le feront. Tous au bistrot à taper le carton et à attendre les allocations. Qu'ils soient paresseux, d'accord. Mais qu'ils s'occupent pas de leurs enfants qui traînent, ça, c'est pas normal. J'aime tout le monde mais pas ces gens-là.

En cité, quand il travaille, l'homme, pris par ses activités, interfère peu dans le quotidien de la famille. Et quand il ne travaille pas, il perd sa crédibilité aux yeux de sa femme puisqu'il ne s'acquitte pas de ce que prévoyait le contrat. Car culturellement, dans le monde musulman, le mariage est un contrat dans lequel le mari s'engage à faire vivre sa famille et à la protéger. À l'épouse, de son côté, revient la charge de s'occuper de tenir la maison et d'élever les enfants. Alors, s'il ne travaille pas, elle le laisse dormir ou passer ses journées au café car elle considère souvent qu'il n'a pas sa place à la maison. Qui plus est, assez souvent, le père ne s'implique dans l'éducation que si l'enfant a dépassé les bornes. Mais, et on l'a entendu souvent, comme « en France on peut pas taper les enfants », ils n'interviennent souvent pas du tout. Un père me disait qu'au bled, ça n'est pas la même chose. La mère joue son rôle et le père intervient en cas de nécessité : mauvaise conduite à l'école, irrespect, tricherie et la communauté, vigilante, régule les conflits : quand un enfant ou un adolescent fait une bêtise, il se fait rabrouer par le voisin ou par l'adulte qui passe par là.

– En France, les garçons font des bêtises dans la rue et personne ne dit rien ! Le même qui fait ça ici, ne risquerait pas de le faire au bled !

Plus encore, la plupart des mamans, soucieuses de préserver leurs enfants, gardent pour elles les problèmes scolaires ou éducatifs pour éviter des conflits qui pourraient dégénérer en violence. Maîtresse chez elle, dans le monde clos et limité d'où elle ne sort pas beaucoup, sinon pour faire ses courses et emmener les enfants à l'école, la femme musulmane n'a guère envie que son époux empiète sur ce qu'elle considère comme son domaine exclusif et ne tient pas à perdre le pouvoir qu'elle a sur ses enfants : il y a, en cité, une forme de matriarcat qui ne laisse pas beaucoup de place au père de famille.

Enfin, tout se passe comme s'il y avait parfois une sorte de délégation de pouvoir, tacite ou formelle, du père au fils aîné. Je peux témoigner de situations où c'est le grand frère qui intervient. Pas le père. En animation de rue, au soutien scolaire, lorsqu'un enfant devient insupportable ou intenable et que son grand frère arrive, il se calme tout de suite. On a même vu un grand frère intervenir de sa fenêtre et menacer des pires représailles son petit frère qui se comportait mal en animation de rue.

C'est encore plus vrai dans les familles polygames où des règles précises de fonctionnement et d'équité existent, aussi bien dans les relations conjugales que dans celles régissant les dépenses ou le logement. Dans ce cas, cette délégation d'autorité du père à son premier fils se fait pour ce qui concerne l'éducation de tous les enfants de la fratrie. Pierre a une fois insisté pour qu'un garçon de 11 ans vienne au camp que proposait Le Rocher. Ce garçon était ballotté au milieu de vingt-sept frères, sœurs, demi-frères et demi-sœurs et être emmené au vert était pour lui une bonne occasion de respirer. La mère n'a pas voulu en parler avec lui et l'a renvoyé vers le père qui l'a renvoyé vers son premier fils. Pierre est allé le voir. Il y avait là une sorte de conseil de famille avec des oncles, des frères et des demi-frères. Le fils aîné l'a écouté comme « assis au milieu du village ». Puis, lentement, son regard a parcouru chacun des présents et a ensuite fixé Pierre. La sentence est tombée, sans appel :

– Non, il n'est pas assez sage, il est trop dissipé et il n'étudie pas bien. Il restera tout l'été dans l'appartement.

Conscient qu'il faut redonner aux pères toute leur place dans la famille, Pierre décide de lancer un « café des pères ». Il pense qu'en offrant le samedi matin un lieu d'accueil convivial, la possibilité de parler et d'échanger, une aide au montage de dossiers administratifs ou un accompagnement à la recherche d'emploi, il réussira à fédérer une belle équipe et que cette amitié rejaillira sur toute la cité. C'est Jacques, un Béninois retraité de Renault, qui « amorce la pompe » pour le premier café avec un nombre non négligeable de dossiers de départ en retraite à monter. Puis, petit à petit, samedi après samedi, des pères (et des pas encore pères) très variés viennent rencontrer la petite équipe qui s'est montée : problèmes de surendettement, de recherche d'emploi, de solitude, de logement, de dossier à remplir, etc. Les compétences ne sont pas illimitées et il faut trouver à l'extérieur des bénévoles qui auraient la capacité de donner un coup de main. Une dizaine de pères de famille hors cité font leur apparition et, petit à petit, réunissent beaucoup de compétences. Au-delà des services immédiats qui sont rendus, l'idée est d'instaurer la confiance puis de nouer des liens d'amitié pour pouvoir entrer dans le vif du sujet : le rôle du père, les risques liés, pour les enfants, à la démission des pères, les enjeux importants pour chaque enfant, l'entraide entre pères sur les questions d'éducation et d'échanges de services… Bref, réaliser avec les pères de la cité ce que Le Rocher a su faire avec les femmes de la cité.

Dans le cadre de l'action lancée en direction des pères de famille, l'idée prend forme d'organiser une « fête des pères » pour inviter les papas à venir jouer avec leurs enfants. Au jour dit, arrivent quatre enfants sans leur père (« Ah bon, il fallait venir avec notre père ? ») et Oussénou avec ses trois aînés. C'est un des rares pères à s'être déplacé pour inscrire ses enfants à l'aide aux devoirs et qui, régulièrement, les accompagne, vient les chercher, fait le point avec l'équipe sur leurs difficultés ou leurs progrès. Enfin une famille où le père est actif dans l'éducation ! Au gré de ces rencontres, en début et en fin de séance, petit à petit, sans bruit, une belle amitié est née entre Pierre et lui.

Oussénou arrive donc avec ses enfants et Pierre passe un long moment à discuter avec lui, qui ne comprend pas bien ce qu'on veut faire avec les pères. Pour lui, la question ne se pose pas : un père trouve un travail, élève les enfants et s'occupe de sa famille. Il n'imagine pas qu'il en soit autrement. Mais il confie à Pierre, dans un langage précis, que souvent les pères ne sont pas en paix et donc que les familles ne sont pas en paix. Il précise :

– Les hommes ne sont pas en paix, je ne suis pas en paix car, quand je vois la pauvre situation que j'ai imposée à ma famille, je doute du choix que j'ai fait de quitter mon pays. Comme je ne suis pas en paix, mon couple n'est pas en paix. Comment veux-tu que je joue efficacement mon rôle ?

Pierre comprend alors l'immensité des souffrances que génère une décision d'émigration.

Nous ne sommes pas les seuls à nous préoccuper des carences éducatives que nous constatons. Nous avons assisté à de nombreuses réunions sur la parentalité, vaste fourre-tout qui tente de combler les lacunes ou le vide sidéral de certains parents en matière d'éducation. Nous voyons que beaucoup de mesures sont mises en place pour accompagner les parents en difficulté dans leur rôle éducatif quotidien auprès de leurs enfants : réseaux d'écoute, d'appui et d'accompagnement des parents (REAAP), lieux d'accueil enfants/parents, points info famille (PIF), contrats locaux d'accompagnement à la scolarité (CLAS), médiation familiale. Dans chacune de ces réunions, on insiste bien sur la complémentarité des rôles respectifs de la mère et du père dans la construction humaine, sociale et affective de l'enfant, et les difficultés que rencontrent les familles monoparentales y sont souvent soulignées.

Mais pourquoi réserver l'importance du rôle respectif des pères et des mères dans le développement des enfants au monde des cités et la remettre en question partout ailleurs ? Il y a là, peut-être, une illustration supplémentaire de la fracture sociale, et elle n'est pas la moins grave.

Attentats en série

C'est au milieu de nos festivités théâtrales de fin d'année qu'un nouveau drame, particulièrement horrible, vient frapper de plein fouet la cité : l'assassinat, à leur domicile, de deux policiers de Magnanville, petite ville toute proche des Mureaux, par un jeune originaire de notre cité que la police a mis hors d'état de nuire. Lui était commissaire adjoint aux Mureaux et a reçu neuf coups de couteau, sa femme s'est fait égorger devant leur enfant. Au café des femmes, ce jour-là, nous avons beaucoup de visites : toutes les cités de la ville sont en émoi. L'assassin a en effet passé son enfance et son adolescence dans le quartier, près du local et de l'appartement des garçons, puis dans un autre quartier, dans l'une des tours où habitent les filles de l'équipe. Il était propriétaire d'un kebab et on le croyait en voie de réinsertion. Tout le monde ou presque le connaît. C'est Dalila qui évoque la première l'enfant qu'elle a connu et qui ne posait pas plus de problèmes qu'un autre. Selon elle, c'est bien plus tard qu'il a mal tourné. Impliqué dans un attentat au Maroc, il a fait trois ans de prison et était surveillé. Première incompréhension partagée par toutes les participantes :

– Pourquoi est-il sorti de prison ? Quand on a participé à un premier attentat meurtrier, on ne devrait pas sortir de prison. La France est trop gentille !

Et d'ajouter :

– Il n'y a qu'Allah qui soit le maître de la vie et de la mort. Ceux qui tuent, même s'ils prétendent que c'est au nom d'Allah, ils se prennent pour Allah ! Il n'y a pas de paradis pour eux !

La conversation porte ensuite assez vite sur les enfants qui traînent dans la rue, que les parents ne surveillent pas suffisamment.

– Il faut les accompagner et aller les chercher à l'école.

– Et les occuper pendant leurs loisirs.

– Et Internet, ce n'est pas bon, et les jeux vidéo non plus, avec toute la violence…

– Et on leur donne des portables trop jeunes.

– Nos enfants sont trop gâtés.

Fatima ajoute :

– Il faudrait que les femmes de notre communauté se remettent en question : comment élevons-nous nos garçons ? Est-ce que nous n'en faisons pas des rois ?

L'une des bénévoles en profite pour parler de l'importance de la frustration – qui fait grandir – dans l'éducation. Si on ne refuse rien aux enfants, si l'on répond à tous leurs désirs, comment réagiront-ils quand la vie se chargera de leur montrer qu'on ne peut pas tout avoir, tout de suite ?

Il est important de comprendre le lien particulier qu'ont beaucoup de femmes du Maghreb avec leurs fils. On peut penser qu'elles reportent sur leur fils l'affection amoureuse dont leur mari les a frustrées. Mais surtout, traditionnellement, c'est un des fils qui s'occupera de sa vieille mère. Plusieurs fois une épouse m'a dit que son mari était définitivement rentré au bled s'occuper de sa mère ! Lors d'une émission de radio que nous avions écoutée en voiture, un imam répondait aux questions des auditeurs. C'était au début de la guerre en Syrie. L'un d'eux, quarantenaire, se sentant appelé à participer aux combats (il n'a pas dit dans quel camp…), voulait savoir s'il pouvait partir ; il hésitait parce qu'il était marié et qu'il avait quatre enfants. Réponse de l'imam : « Parles-en à ta mère, si elle est d'accord tu pourras y aller, sinon, non. » Donc la mère cultive une relation forte avec ses fils, et plus encore si c'est l'unique garçon. Souvent, elle lui passe tout ; moins souvent, elle exprime des exigences en matière de scolarité ou de comportement. Comme toute maman, quand il réussit, elle est fière de lui. Mais si elle souffre de ce qu'il fait de travers, elle s'interdit le plus souvent d'en parler. Elle peut regretter de n'avoir su l'empêcher d'aller en prison mais elle lui enverra de l'argent chaque mois. Inutile d'ajouter que le fils est bien conscient de cet amour exclusif et qu'il n'aide jamais à la maison. Il ne sait pas mettre la table et encore moins faire la cuisine ou passer la serpillière. Et quand la mère n'est pas là, ce sont les sœurs qui sont de service. Car l'éducation des filles est bien différente : très souvent consignées à la maison où elles secondent leurs mères dans les tâches ménagères, elles ont bien davantage conscience que la réussite scolaire pourra leur ouvrir un avenir différent et elles réussissent dans l'ensemble beaucoup mieux dans leurs études. On ne les voit guère traîner dans la rue et d'une façon générale, elles posent peu de problèmes en cité.

Lors du même café de femmes, après avoir pointé la responsabilité des parents dans les dérives de certains jeunes, Dalila s'exclame :

– C'est aussi la faute de la France !

Indignation de Fatima :

– Non ! La France, elle nous a tout donné ! Du travail, un logement, la liberté… Quand mes fils me tiennent ce genre de discours, je leur dis : moi, je suis française et j'en suis fière ! Vous, si vous êtes pas contents, retournez au bled !

Obstinée, Dalila reprend :

– Mais si, c'est un peu la faute de la France. C'est pas normal que des jeunes quittent l'école sans diplôme et sans travail et c'est pas normal qu'ils traînent ensuite à ne rien faire, en buvant et fumant. Pourquoi on leur donne le RSA alors qu'ils pourraient travailler ?

Elle ajoute :

– Ces jeunes qui traînent, ils ne prient pas ! Ils font peut-être le ramadan mais ils font ensuite n'importe quoi : s'ils traînent, boivent et se droguent, qu'est-ce que ça veut dire ? C'est pas des vrais musulmans, ça !

La même Dalila, abandonnée par son mari sans aucun revenu, me dira avec son bon sens la réponse qu'elle a faite à l'assistante sociale rencontrée pour savoir comment obtenir de son mari une aide financière et qui lui a conseillé de demander le RSA :

– Mais le RSA j'en veux pas, moi. C'est à mon mari de payer, pas à l'État français !

Quand nos amies sont parties, Fatima, arrivée en France enfant, qui approche de la soixantaine et ne porte pas le voile, se lâche plus encore :

– Qu'est-ce qui se passe ici ? Toutes ces femmes qui se voilent, qu'est-ce que ça veut dire ? J'habite ici depuis près de quarante ans, et c'était pas comme ça avant. Pourquoi invoque-t-on maintenant le Coran à tout propos ? Il paraît que le Coran dit qu'il faut que les femmes se voilent, qu'elles ne doivent pas se maquiller. Moi, ça me choque ! On me dit que je n'ai qu'à lire le Coran… Mais je ne lis pas l'arabe, moi ! Et puis à quoi ça me servirait ? À rabâcher toujours les mêmes choses toute ma vie ? Ça m'énerve qu'on invoque la religion à tout propos : qu'on laisse un peu les gens faire ce qu'ils veulent ! Même mes garçons me disent : « À ton âge, les femmes de chez nous ne montrent pas leurs cheveux ! » Mais moi je ne céderai pas !

Mais l'après-midi même du meurtre, Pierre croise Bitume qui ne trouve, malheureusement, rien de mieux à dire en parlant de l'assassin :

– Tu as vu, les flics, ils ont tué un musulman !

– Bitume, ferme-la, ton musulman, il a tué un père de famille et égorgé une maman.

Commentaires tout aussi choquants le soir, à l'aide aux devoirs, où nous informons les jeunes, comme nous l'avons fait pour les mamans, d'un rassemblement « interreligieux et citoyen » devant le commissariat, le lendemain, organisé par le curé et les imams locaux par solidarité avec les policiers.

– J'en ai rien à faire, c'est pas mon problème, dit l'une.

– Pourquoi ils ont tué un Arabe ? demande une autre.

Ces réactions inquiétantes paraissent assez révélatrices de ce qui doit se vivre dans les quartiers, notamment chez les jeunes : de l'indifférence pour les uns à la quasi-solidarité avec l'assassin pour les autres, parce qu'il fait partie de la communauté et parce qu'on n'aime pas la police. Mais heureusement, les plus âgés réagissent bien.

Le lendemain, devant l'entrée du commissariat des Mureaux, le trottoir est recouvert de fleurs. C'est noir de monde, essentiellement des musulmans du quartier, hommes et femmes ; manquent malheureusement les grands jeunes, et ce n'est pas faute de les avoir invités à venir nouer une relation différente avec la police. Le curé dénonce la barbarie et parle de paix. Le président de l'association en charge d'une mosquée déclare :

– Le combat idéologique, nous essayons de le mener au jour le jour pour faire face à ces déviations [...]. Jamais nous n'accepterons que ces actes soient faits au nom des musulmans [...]. Toucher à la police, c'est toucher à [la] paix civile. Nous voulons être partie prenante pour la préserver.

Mohamed, 67 ans, nous montre sa poitrine :

– J'avais une boule ici, de la haine pour ce salopard qui n'a rien à voir avec l'islam. (Il sourit.) J'ai applaudi la police et tout à coup, cette boule est partie. On les applaudira toute notre vie.

Pierre se trouve à côté du maire qui se tourne vers lui et lui dit sa satisfaction de voir qu'enfin les réactions des imams comme des musulmans sont sans ambiguïté, ce qui n'était pas le cas après *Charlie* et le Bataclan.

Mais un mois plus tard, nouvel attentat, cette fois à Nice où un camion fou tue et blesse un grand nombre de personnes de toutes origines venues assister en famille au feu d'artifice du 14 Juillet. Nous sommes une nouvelle fois bouleversés mais la nouvelle qui nous parvient le 26 juillet achève de nous anéantir. Un prêtre âgé, le père Hamel, vient d'être égorgé pendant qu'il célébrait la messe. Heureusement, aux Mureaux, le dialogue interreligieux fonctionne immédiatement et les musulmans proposent de venir à la fin de la messe, le dimanche suivant, pour dire leur compassion aux paroissiens. Visiblement, le père Jacques Hamel a fait faire un bond de géant à ce dialogue : le dimanche, plusieurs dizaines de musulmans connus ou inconnus nous accueillent à la sortie de la messe. Une fois encore, manquent les grands jeunes. Pierre tombe dans les bras d'un ancien combattant avec toutes ses médailles. Celui-ci est en pleurs et répète plusieurs fois :

– Pardon, pardon.

Beaucoup d'autres pleurent et l'émotion est palpable. Le père Philippe, prêtre de la paroisse, dit sa peine immense. Il a 80 ans et s'identifie totalement au père Hamel avec qui il partageait l'envie de nouer de vraies amitiés entre nos communautés. Saïd, le président de la mosquée, qui avait déjà parlé devant le commissariat, prend la parole :

– S'attaquer à un prêtre, c'est comme s'attaquer à un imam. S'attaquer à une église, c'est comme s'attaquer à une mosquée.

Il explique que les musulmans ne peuvent comprendre et excuser la violence. Cette fois, le propos est clair et ferme. Il tient son fils par la main et Pierre va le remercier en disant à l'enfant :

– Tu peux être fier de ton papa.

Depuis *Charlie*, au moins localement, la communauté musulmane bouge de plus en plus pour dénoncer explicitement les crimes commis « au nom d'Allah ». Le temps où nous pouvions douter de sa sincérité est révolu. Reste le problème des jeunes travaillés par des courants douteux !

Endeuillée par trois attentats dont deux particulièrement proches, notre deuxième année aux Mureaux a été particulièrement éprouvante. Pierre, souvent menacé, a vécu des relations difficiles avec les grands jeunes. De mon côté, les rencontres avec les femmes et avec les enfants ont été plus faciles, mais c'est dans le quotidien de notre vie conjugale que des tensions ont surgi : après la nouvelle lune de miel de nos débuts, la promiscuité dans notre appartement et le fait que nous vivions ensemble presque en permanence est cause de pas mal de frictions et d'incompréhensions. La fatigue aidant, nous découvrons l'un chez l'autre des qualités mais aussi des défauts dont nous n'avions jamais pris conscience et c'est un travail de chaque jour d'accepter l'autre tel qu'il est et non tel que nous le rêvons !

C'est pourquoi il m'est particulièrement bénéfique de pouvoir m'échapper de temps en temps pour rejoindre enfants et petits-enfants et c'est pourquoi, tous les deux, nous voyons arriver avec un immense soulagement le mois d'août qui nous offrira trois semaines de vacances familiales nécessaires et bienvenues !

Mais, miracle, quelques jours après avoir quitté la cité, les difficultés vécues disparaissent à nos yeux. Ne restent que les côtés lumineux. Nous sommes heureux en cité !

Saison 4

On persiste

Les Mureaux, septembre 2016 – août 2017

Le sentiment de ne pas être aimé
est la plus grande des pauvretés.

Mère Teresa

Malgré notre bonheur d'être ensemble au Rocher, chaque fois que je quitte la cité pour retrouver le Sud et sa lumière, c'est un soulagement… Et chaque retour aux Mureaux est un arrachement ! À nouveau, revenir en cité, c'est dur ! S'arracher à son cadre, à sa famille, à ses amis, c'est dur ! Je n'en parle pas à Pierre pour ne pas lui casser le moral, et je soupçonne, à son silence inhabituel, qu'il rumine les mêmes pensées et les garde pour lui… pour ne pas me casser le moral !

À notre arrivée, nous retrouvons un frigo vide et filons faire quelques courses. Et, de nouveau, la magie de la cité opère : d'une première fenêtre, nous entendons une voix d'enfant :

– Pierre ! Isabelle !

Puis nous croisons une maman :

– Alors ? On ne vous voyait plus !

Une seconde fenêtre et un autre « Pierre ! » ou un autre « Isabelle ! ». Comme l'année dernière, la chaleur de l'accueil permet au moral de remonter en flèche et la joie des habitants de nous revoir nous met du baume au cœur.

Parcours contrastés

Nous sommes à peine arrivés qu'avec la nouvelle équipe de volontaires, nous recevons au local Nabila, anéantie. Son frère Aziz est en garde à vue, embarqué par la police pour vente de stupéfiants. Elle est dans le déni :

– Il a rien fait. Les keufs sont des salauds !

Nous essayons de la calmer, de lui dire que s'il n'a rien fait, ils vont le relâcher. Elle veut qu'on l'aide à le sortir de la garde à vue.

Comme tous les gamins de la cité, d'abord mineurs, qui accumulent les infractions, Aziz a fini par atteindre l'âge fatidique de 18 ans et par commettre sa première infraction de majeur, voie royale pour la prison. Deux jours plus tard, Nabila repasse au Rocher : son frère est directement passé de la case garde à vue à la case prison. Elle est touchante car elle remue, en vain, terre et ciel pour l'aider. Pour les familles, un garçon en prison, c'est très dur même si, parfois, pour les mamans, c'est un moment de répit où elles n'auront plus à s'inquiéter, à attendre 2, 3 ou 4 heures du matin « que le petit, il rentre », à se faire un sang d'encre à chaque coup de sonnette par crainte de la police. En revanche, pour les jeunes désœuvrés de la cité, la prison, c'est un motif de fierté. L'un d'eux, après sa sortie, nous disait :

– La prison, c'est comme une colonie de vacances, on retrouve les copains de la cité, on est nourris, logés, chauffés, vêtus et on passe du bon temps !

Vis-à-vis de ses copains, il ne pouvait pas dire autre chose. Mais, au fond de lui, il savait les larmes de sa mère et les durs moments qu'il y avait passés.

Quelque temps après, Pierre croise Aziz à sa sortie de prison. Il le salue, heureux de parler avec lui. Mais ce n'est plus le même Aziz. Il était joyeux, espiègle et chahuteur. Il est devenu barbu, du moins il essaie de l'être parce que pour l'instant, il a encore les joues assez imberbes. Son regard a changé. Que s'est-il passé en prison ? Mohamadou, son pote de jeunesse, lui dira plus tard :

– Wesh, frère, il s'est fait monter la tête par les barbus et c'est pas le dernier ! La prison, c'est une usine à salafistes.

Depuis que nous sommes en cité, quand nous voyons le résultat à la sortie, nous nous demandons vraiment si la prison est une solution. Nous constatons le plus souvent une aggravation des comportements : salafisme, violence accrue, haine plus forte contre la société… Nous n'avons pas d'exemple de séjour en prison qui ait servi de leçon pour cette catégorie de délinquants. Mais il paraît que ça existe : quelquefois, la leçon serait retenue et certains changeraient complètement de façon de vivre.

Heureusement, tous les jeunes de la cité ne passent pas par la case prison. Après avoir rencontré Aziz, nous tombons sur Hakim, avec ses écouteurs sur les oreilles. Il est en fac et c'est un garçon qui adore discuter de tout et particulièrement de religion. Je ne sais pourquoi, il nous parle de la miséricorde de Dieu : lui seul peut pardonner les péchés. Nous savons que tout musulman se pose la question du salut après la mort et nous lui demandons :

– Est-ce que tu sais si tu seras sauvé ?

Il sourit gravement : s'il fait tout ce qui est prescrit, ce qui est *hallal*, et qu'il ne fait pas ce qui est *haram* :

– *Inch Allah*, Dieu, le tout miséricordieux, le très miséricordieux, me donnera le paradis.

Plus prosaïquement, il précise que chaque prière, chaque aumône, l'application des cinq piliers lui donnent des points. Les cinq piliers de l'islam, c'est ce que tout musulman pieux doit observer pour espérer être sauvé : la *chahada*, profession de foi ou allégeance à Dieu et à son Prophète, la *salat*, observance des cinq prières aux heures fixées, à la minute près, pour chaque pays, la *zakat*, aumône légale ou purification, le ramadan, privation de nourriture et de boisson trente jours consécutifs du lever au coucher du soleil, le *hajj*, pèlerinage à La Mecque. Le salut du fidèle dépend de son observance de ces cinq piliers. La miséricorde d'Allah vient alors récompenser ce fidèle obéissant… si Allah le veut. Quant au mécréant, celui qui n'obéit pas et ne pratique pas ces cinq piliers, il ne pourra pas être sauvé. Hakim ne sait pas s'il aura assez de points :

– Parce que Allah est le Juste et qu'en toute justice il récompense, mais il ne peut pas pardonner l'impardonnable !

Et il nous invite à lire dans le Coran la sourate 19, 37 où Meriem (Marie, mère de Jésus) prédit le « malheur aux mécréants lors de la venue du jour terrible ». Et, pour beaucoup de musulmans (dont Hakim, heureusement, ne fait pas partie), les mécréants, c'est-à-dire les mauvais croyants, ce ne sont pas seulement les mauvais musulmans, ce sont aussi les incroyants, les juifs et les chrétiens !

Alice, une jeune femme du Rocher, s'était liée d'amitié avec une jeune femme française devenue musulmane. Pour cette dernière, la foi n'est que musulmane : Dieu est musulman, Dieu parle arabe, Dieu sauve les vrais musulmans, Dieu condamne ceux qui ne pratiquent pas les préceptes du Coran, les mécréants, damnés *in aeternam*. Alice, chrétienne et pratiquante, lui dit :

– Et pour moi, tu penses quoi ?

Elle répond sans hésitation :

– Tu es mécréante, oui, tu iras en enfer.

Pauvre Alice, toute dévouée à la cité et qui avait tissé avec cette jeune femme de vrais liens d'amitié. Elle nous a confié avoir reçu cette parole comme un coup de poignard !

Du coup, Pierre reprend le Coran, qu'il avait lu *in extenso* en Tunisie, et pioche pour moi quelques sourates qui vont dans le même sens : « Certes, la religion acceptée d'Allah, c'est l'islam » (3, 19) ; « Quiconque désire une religion autre que l'islam, ne sera point agréé, et il sera, dans l'au-delà, parmi les perdants » (3, 85). Mais aussi, bizarrement, la sourate 5 place au centre de la foi Jésus, la Torah et l'Évangile : « Et Nous avons envoyé après eux Jésus, fils de Marie, pour confirmer ce qu'il y avait dans la Torah avant lui. Et Nous lui avons donné les Évangiles, où il y a guide et lumière, pour confirmer ce qu'il y avait dans la Torah avant lui, et un guide et une exhortation pour les pieux… » (5, 3). C'est aussi Jésus (et non Mahomet) qui viendra au jour du Jugement séparer les justes des pécheurs (43, 61).

Nous ne sommes ni spécialistes ni fins connaisseurs de l'islam mais il nous semble que les contradictions que nos lectures et nos rencontres révèlent ne rendent pas les choses très claires : les musulmans pensent être les seuls à être sauvés mais ont-ils le droit de s'appuyer sur la Torah et l'Évangile ? Le salut leur est-il accordé grâce aux points qu'ils auront accumulés ? Ou peuvent-ils espérer la miséricorde de Dieu en plus des points ? Dieu n'aurait-il d'indulgence que pour ceux qui marchent droit ? Plus nous avançons dans notre connaissance de l'islam, plus nous percevons les différences fondamentales avec la foi chrétienne qui place au centre du salut le sacrifice du Christ et l'amour du prochain. Dans saint Jean : « Aimons-nous les uns les autres puisque l'amour vient de Dieu… ce n'est pas nous qui avons aimé Dieu, c'est lui qui nous a aimés et il a envoyé son fils Jésus en sacrifice de pardon pour nos péchés» (première lettre 4, 7 et 10). Dans saint Matthieu: «Tout ce que vous avez fait au plus petit d'entre les miens, c'est à moi que vous l'avez fait» (25, 31-46). Pour ne citer que les passages les plus connus!

Trois jours après cette rencontre qui nous a poussés à nous plonger successivement dans le Coran et dans le Nouveau Testament, Hakim vient vers nous pour reprendre et poursuivre la conversation que nous avions commencée. Je lui dis que ma foi en Jésus, qui s'est offert pour le salut du monde, m'assure que le salut est assuré à tous les hommes de bonne volonté, dont il fait partie. Il sourit:

– Même si je fais des bêtises? Des péchés nombreux?

Il a du mal à comprendre que, pour les chrétiens, tout pécheur qui se repent est pardonné et que la force de ce pardon lui permet de reprendre son chemin vers Dieu. Et ce, sans attendre un angoissant jugement après sa mort.

Juste après avoir quitté Hakim, je vais avec Pierre dans un centre social préparer une animation avec plusieurs associations. Comme nous sommes en avance, nous parcourons l'exposition qui y mobilise plusieurs salles, sur la sexualité. C'est difficile d'aborder le sujet en cité dans nos rencontres individuelles, alors l'aborder de cette façon très publique nous surprend. À l'entrée de la salle est posée, bien en évidence, une corbeille de préservatifs gratuits. Nous regardons les panneaux: c'est cru, technique, abondamment illustré: la pénétration, la sodomie, à deux, à trois, les maladies sexuellement transmissibles, le sida. C'est presque complet : il manque seulement quelque chose sur la tendresse ! Nous sommes très surpris de tomber sur Nabila, qui surveille l'exposition :

– Nabila, qu'est-ce que tu fais là ? C'est toi qui as fait cette exposition ?

– Pierre, tu veux rire. Je suis salariée et obligée d'être là. Mais moi, je ne suis pas d'accord. En fait, ça excite les garçons quand ils osent entrer et les filles ne viennent pas.

Un éducateur s'approche. On se salue. Il se tourne vers Nabila en montrant les panneaux de l'exposition :

– Ça va pas plaire à nos publics, tout ça !

C'est triste ! La fracture sociale n'est pas qu'entre les cultures, entre les catégories sociales ou entre les quartiers. Est-ce que quelqu'un comprendra un jour qu'à force de choquer, cette fracture s'aggrave ? Le sexe, ça se pratique dans les quartiers, mais ça ne s'affiche pas.

Au travail !

Comment sortir Aziz, Ahmed et les autres de la délinquance ? Le premier fléau en cité est l'oisiveté née du chômage. Le taux de chômage des immigrés est plus élevé que celui des descendants d'immigrés et nettement supérieur à celui des personnes sans lien avec l'immigration[1]. Nous sommes assaillis

1. Respectivement (chiffres antérieur à la crise du Covid-19) : 17,5 %, 14,3 % et 8,6 %.

de demandes d'aide pour trouver un travail. Nous n'avons pas vocation à nous substituer aux très nombreux outils d'insertion ou d'accompagnement existants. Mais en cité, la méfiance envers les institutions est immense. Elle empêche les demandeurs d'emploi de bénéficier des services publics ou associatifs. Et, trop souvent, lorsqu'ils tentent Pôle Emploi ou la Mission locale, ils vont, de fait, vers un nouvel échec.

Qui nous demande de l'aide ? Des jeunes qui croisent la route du Rocher : 45 % des 15 à 24 ans sont au chômage, en situation de précarité et de détresse affective, matérielle et sociale. Ils tournent leur mal-être en violence et délinquance contre la France et ceux qui la représentent (police, justice, école, institutions…) : « J'nique la France. »

Il y a ensuite des pères de famille au chômage ou en précarité qui cumulent bien souvent de nombreux handicaps : absence de formation, langue française mal maîtrisée, difficulté à valoriser leur expérience professionnelle, capacité réduite à « se vendre » sur le marché de l'emploi. Ce sont des proies faciles pour des employeurs indélicats.

Il y a enfin de nombreuses familles monoparentales. Bien des pères « foutent le camp » : au bled, dans l'alcool, au bistrot ou pour une ou d'autres femmes et ce sont donc les mères qui assurent en grande majorité la responsabilité des enfants, même si le nombre de pères à la tête de familles monoparentales a plus que doublé en vingt et un ans.

Tous ces jeunes, ces pères, ces mères, comment leur donner la possibilité de retrouver leur dignité sociale, comment leur donner des raisons d'espérer? Mais, surtout, comment leur permettre de retrouver ce qui leur manque le plus: la confiance et l'estime de soi? Car la perte de confiance en soi, c'est un sentiment d'impuissance, c'est la crainte du regard des autres, c'est le dégoût de soi… avec, par-dessus tout, le découragement.

Au Rocher, deux antennes se sont, dans le temps, spécialisées dans l'insertion, Roc'Emploi à Marseille et Ribat à Bondy, avec une originalité pour Ribat dont la pédagogie est de travailler avec les grands jeunes à partir de la création musicale et de l'enregistrement numérique, en les laissant se construire par la confiance, la prise d'initiatives et de responsabilités[1].

Pour qui accompagne des habitants vers l'emploi, la difficulté est de connaître des entreprises susceptibles d'accueillir les candidatures venant des cités. Le directeur du Rocher demande alors à Pierre de bâtir un réseau Rocher-entreprise à mettre à la disposition de l'ensemble des antennes du Rocher. L'idée l'enthousiasme et il s'y lance avec bonheur en organisant pour le mois de décembre une rencontre avec quarante chefs d'entreprise d'Île-de-France à qui il présente le projet, entretemps dénommé Roc'jobs. Il y croit et y met tout son cœur:

1. http://assolerocher.org/decouvrir/projets/ribat

– Nous habitons en cité, nous connaissons les personnes que nous accompagnons, vos entreprises peuvent, en confiance, envisager de leur donner une chance d'emploi.

À la fin de son topo, il espère une *standing ovation* et une avalanche de propositions de partenariats. Rien de cela mais une question récurrente :

– Qu'est-ce qui nous permet de penser que vos candidats tiennent la route ?

C'est le bide complet. Il comprend que ce n'est pas tout d'habiter en cité et de connaître les candidats. Il faut aussi rassurer les chefs d'entreprise pour qui la cité, c'est la drogue et la violence. Et nous-mêmes, que savons-nous de la motivation profonde de ceux que nous accompagnons ? De leur capacité à accepter les codes de l'entreprise ? On se fait peut-être plaisir à croire que l'amitié née de la rencontre suffirait à transformer notre interlocuteur ? Comment susciter l'élan et la volonté ?

C'est alors que Charles nous tombe du ciel ! Il nous dit qu'il a mis au point un parcours formidable. Il appelle ça « La Vie en grand : deux jours pour retrouver confiance en soi en apprenant à pardonner et en expérimentant le rêve ». Toute l'équipe pense qu'il est fou. Il nous explique :

– Quel est le premier problème de celui qui est au fond du trou, en cité, pas aimé, blessé par la vie ? Il n'a plus confiance en lui, il s'en veut, il en veut à la terre entière. Il a la haine.

Charles lui apprend à découvrir la puissance libératrice du pardon qu'il se donne à lui-même et qu'il donne aux autres. Il lui apprend à s'aimer.

– Quel est le second problème de celui qui est ainsi libéré par le pardon ? Il ne sait pas se projeter, donc encore moins imaginer son avenir.

Charles lui apprend à rêver et, par son rêve, à commencer à entrevoir un avenir professionnel. En deux jours, avec « La Vie en grand », Charles dit rendre l'espérance là où il n'y a que rancœur, méfiance, désespoir et haine. Son enthousiasme est contagieux. Il présente alors Mahmoud à Pierre :

– Mon rêve, ce sont les avions, les bateaux, les terres inconnues. Vas-y mon gars, depuis « La Vie en grand », j'ai compris qu'il faut que je quitte la cité, que ma vie elle est ailleurs. Que je dois voyager mais qu'il me faut du blé pour ça et que pour avoir du blé faut que j'bosse. Avant d'aller à cette p… de formation, je me disais y a que la cité pour moi. Mais ma vie elle est ailleurs.

Du coup il est décidé d'organiser une session test à l'attention des responsables du Rocher, du président en passant par le directeur, le responsable pédagogique et les responsables d'antenne. À 18 heures, au bout de deux jours passionnants, le verdict est unanime : c'est bon ! Go, Le Rocher se lance dans l'aventure… Pour piloter le projet, Jonathan intègre Le Rocher. Il a 25 ans et sort d'une école de commerce. Sa première tâche sera de s'approprier « La Vie en grand ». Il y excelle et fait un tandem d'enfer avec le responsable de Ribat, jeune de Bondy qui a réussi et qui est ingénieur. À eux deux, ils animent les sessions « La Vie en grand ». À la suite de l'une d'elles, Pierre a la chance de participer au débriefing des stagiaires. Grand moment d'émotion, me dit-il ensuite !

Moka :

– Pendant la session, on m'a trouvé dix qualités. Je croyais que j'avais que des défauts. Toujours on m'a balancé mes défauts dans la figure.

Abdallah :

– Le pardon ? Moi, j'ai une fierté, je ne demande pas pardon « comme ça ». Mais là j'ai compris ce que ça m'apporte à moi et à l'autre de pardonner.

Youssef :

– Le pardon ? C'est comme un 31 décembre : le feu d'artifice, plein d'étincelles. Je ne savais pas combien pèse ce mot. Avant, je disais pardon mais sans pardonner, mais maintenant je vois Dieu dans le pardon. Dans la Bible, dans le Coran, dans l'Évangile, toujours Dieu pardonne. Pourquoi entre nous on ne sait pas pardonner ? Pourquoi c'est si dur ? Le stage m'a appris à pardonner. Il me libère, il me soulage. On est tous pécheurs, frère. Le pardon nous épanouit.

Mahmoud :

– Le pardon ? Pour certains, pardonner, c'est se soumettre. Maintenant, pour moi, pardonner ça ouvre mon cœur.

Bagou :

– Dire pardon, c'est bien mais il faut passer à l'acte. Quand tu pardonnes, toi, victime, ça te libère. Si tu as la foi, tu peux tout pardonner. Toi, si tu agresses, mets ton orgueil de côté et demande pardon.

Youssef :

– Depuis « La Vie en grand », j'ai parlé « qualités » avec mon cousin. Je lui ai dit : tu as des qualités. Il le croyait pas. Alors je lui en ai donné une : tu es généreux parce que je suis sans papiers et sans logis mais tu me loges et tu m'aides. Wesh, il savait pas qu'il était généreux.

Après « La Vie en grand », la confiance en soi étant restaurée, nous mettons au point « La route de l'emploi » où nous apprenons à ceux que nous accompagnons à aller vers l'entreprise. Nous le faisons en lien avec les institutions et les associations existantes. Nous avons alors les germes d'un projet complet qui sécurise le candidat des cités à l'emploi, qui sécurise l'entreprise et qui sécurise le parcours d'intégration avec tout un arsenal d'outils de suivi et de mesure d'avancement.

C'est ainsi qu'avec Abdoulaye, un grand jeune de la cité dont nous reparlerons, Pierre, Jonathan et le directeur du Rocher peuvent présenter Roc'jobs devant cent vingt chefs d'entreprise réunis par un Medef régional. La séance commence par un clip qui précise l'action que nous voulons mener, une magnifique réalisation bénévole de Moussa, un jeune de la cité : belles images, belle musique, en quatre minutes tout est dit et bien dit ! Merci Moussa. Le clip se termine par la phrase de Mère Teresa : « Le sentiment de ne pas être aimé est la plus grande des pauvretés », accueillie par un grand silence suivi d'applaudissements chaleureux. Ému, l'animateur susurre dans le micro :

– Il va être difficile de prendre la parole après ce clip.

Abdoulaye intervient alors. Il est incroyable. Il parle de sa vie en cité, de ses souffrances, de ses difficultés à vivre et à vivre en société. Il ouvre son cœur avec talent et sincérité. Il livre son expérience avec Le Rocher :

– Le Rocher m'a appris à ne pas avoir peur des autres, il me donne de l'amour même si moi je ne sais pas en donner.

Il est ovationné. C'est un moment d'autant plus fort pour lui que sa venue a été compliquée. Il appréhendait de venir en train, ne savait pas ce qu'était le Medef, nous reprochait de l'exhiber. Ce jour-là, il a gagné en confiance en lui et nous a permis de voir que notre projet de partenariat répond à de réelles attentes des entreprises.

Mais pour lui, trop marqué par les échecs de la vie, il semble qu'il faudrait une étape d'insertion supplémentaire. C'est en cherchant des pistes pour ces grands jeunes en grande difficulté que Pierre est amené à rencontrer le fondateur de l'association Irvin[1] implantée en Bretagne qui, à travers un travail de réintégration de jeunes dans la société, les pousse à se dépasser et, par leur exemple et leur rayonnement, à changer les mentalités de leurs collègues : savoir œuvrer en groupe, apprendre à travailler, aimer travailler, retrouver le contact avec la nature et la foi en la puissance créatrice de la vie. Mais comment envoyer nos jeunes en Bretagne ?

Toujours à la recherche de ce qui pourrait aider ses grands jeunes, Pierre rencontre aussi en Bourgogne le fondateur d'une autre association. Dans le même but qu'Irvin, il a créé Genèses[2] et consacre sa vie à des jeunes qui souffrent de mal-être ou d'addictions et qui, souvent, vivent des situations familiales compliquées. L'association les accueille pour les aider à se

1. www.irvin.fr

2. www.geneses.org

reconstruire à travers le travail manuel, le sport, le théâtre et la vie collective. Pendant plusieurs mois, elle leur permet, à partir d'expériences concrètes, et des talents qu'ils se découvrent alors, de discerner en profondeur leur vocation professionnelle. Mais comment envoyer nos jeunes en Bourgogne ?

Travail de fourmi, l'accompagnement vers l'entreprise oblige à considérer d'abord l'homme ou la femme accompagné avant de se pencher sur les solutions à apporter. Cela nous a appris à lui faire découvrir son humanité à la fois riche et faible, porteuse d'espérance et de freins, à lui montrer des perspectives d'épanouissement personnel, à lui faire comprendre que le travail peut être source de joie. Voir un grand jeune pleurer en disant : « J'ai des qualités », c'est toucher du doigt l'urgence de prendre en compte objectivement l'immense détresse affective de celui qui est au bord de la route. Cela nous a appris aussi à considérer comme partenaires possibles toutes les initiatives lumineuses qui sont lancées avec une immense bonne volonté, des moyens très limités et une foi en l'homme extraordinaire même si ce que nous initions ne réussit pas toujours. C'est long, c'est ardu, c'est une goutte d'eau dans un océan de détresses et de difficultés. Mais si l'on met bout à bout ce qui se fait un peu partout dans le pays, si l'on considère le beau travail de bénévolat développé aux quatre coins de l'Hexagone, si on y rajoute ce qui marche institutionnellement, alors tous les espoirs sont permis. Reste aux pouvoirs publics à trouver la formule, non pas d'un accompagnement infaillible vers l'entreprise, mais des conditions économiques du retour au plein-emploi. Car nous sommes persuadés que la solution pour les cités comme pour la France, c'est un travail pour chacun. Et pas seulement le traitement social de l'inactivité.

Abdoulaye

Pendant notre première année aux Mureaux, Pierre avait consacré beaucoup de temps à Mourad, sans grand succès. L'année dernière, c'est Ahmed et ses potes qui avaient été trop souvent au cœur de ses préoccupations. Pour cette troisième année, ce sera Abdoulaye. Un soir de septembre, devant Le Rocher, il fait très sombre car l'éclairage public a été coupé à cause de travaux. Pierre aperçoit une silhouette qui l'interpelle :

– Oh, tu ne me reconnais pas ?

Il s'approche et finit par distinguer de qui il s'agit :

– Tu sais Abdoulaye, un Noir dans le noir, je n'arrive pas toujours à le reconnaître !

La plaisanterie est pour lui banale car beaucoup d'Africains la font eux-mêmes pour nous faire rire. Mais Abdoulaye ne l'entend pas de cette oreille : quelques jours plus tard, il entre au local, le visage fermé : visiblement, il est en manque ou en surdose... Il agresse :

– Pierre, l'autre soir, tu t'es bien moqué de moi.

Et le ton monte :

– Tu as tenu des propos racistes parce que je suis noir, je vais te virer de la cité. Je suis ici chez moi et des comme toi, je n'en veux pas ! Je te crève les yeux, la vie d'ma mère.

Pierre, qui a complètement oublié sa plaisanterie, essaie de comprendre les raisons de cette agressivité. Quand il finit par piger que c'est sa remarque « un Noir dans le noir » qui met Abdoulaye en fureur, il éclate de rire. Erreur fatale qui conforte Abdoulaye dans son idée que Pierre est raciste. Le ton monte et Pierre préfère quitter la pièce. Mais Abdoulaye remet ça et s'invite à une réunion d'équipe où il n'a pas été convié, en grande forme : il veut virer la responsable d'antenne, au motif qu'elle ne sert à rien, et Pierre, au motif qu'il est raciste. Son visage reflète la haine. Pierre ne se reconnaît pas : naguère il aurait haussé le ton et répondu à l'agressivité par l'agressivité. À sa grande surprise, il reste calme, percevant l'immense souffrance du garçon qui ne sait avoir d'autre relation que conflictuelle. Mais il parvient à lui faire entendre son invitation à discuter avec lui :

– Abdoulaye, viens chez moi, nous mangerons ensemble et nous parlerons cœur à cœur.

Abdoulaye s'adoucit aussi brutalement qu'il s'était mis en colère. Son visage lui-même est transformé. Avec un grand sourire d'enfant, il répond :

– Pierre, au nom d'Allah (il met sa main droite sur son cœur), je viendrai.

Il ne viendra jamais.

Le temps passe. Pierre le croise dans la rue et le salue, pensant qu'il s'est assagi... Las : Abdoulaye lui dit agressivement qu'Ahmed est en prison par sa faute, qu'il a un contrat sur sa tête et qu'il a intérêt à quitter la cité parce que ça va chauffer. Que faire ?

Chaque année le Cenacolo rencontre les antennes du Rocher pour témoigner en cité : c'est une association créée par une petite bonne sœur, Elvira[1], qui raconte ainsi son parcours : « La compassion de Dieu pour l'homme m'a entraînée à servir ces jeunes qui gisent sur les routes et les places de nos villes, la mort dans l'âme, tristes, trompés, abusés par le mal et la drogue. Leur souffrance m'est entrée dans le cœur. » Avec d'anciens drogués, elle a ouvert des maisons d'accueil. Le film *La Prière* illustre ce qui s'y fait. Là, ne viennent que des garçons ou des filles volontaires qu'elle sèvre dès le premier jour et accompagne d'un « ange gardien », lui-même présent depuis un mois. Par cette mission, et la confiance qu'elle implique, cet « ange » va trouver des forces pour s'en sortir lui-même. Cela conduit souvent à de véritables résurrections. Une amie du Rocher, très présente auprès d'Abdoulaye, imagine l'emmener au Cenacolo. Ce sera un simple aller-retour avec lui. Sur le point d'y entrer, Abdoulaye change d'avis et exige qu'elle le ramène aux Mureaux.

Deux mois plus tard, nous sommes seuls avec elle et avec Abdoulaye qui, dans un rare moment de confiance, se met à parler longuement de lui, de sa vie, de sa mère, de son père, de ses difficultés. Nous découvrons alors l'enfance douloureuse qu'il a vécue dans un environnement polygame et avec un père violent :

1. Sœur Elvira, la sœur des drogués, *L'Étreinte. Histoire de la communauté du Cenacolo*, propos recueillis par Michele Casella, Nouan-le-Fuzelier, Éd. des Béatitudes, 2014.

– J'ai passé mon enfance – nous confie-t-il – à voir mon père aller d'une chambre à l'autre, et à recevoir des coups au passage.

Nous apprenons qu'à l'adolescence, son père l'a envoyé de force dans son pays d'origine, qu'il ne connaissait pas, et où il l'a laissé sans ressources. À son retour aux Mureaux, les relations avec son père, qui habite la cité mais ne s'occupe ni de lui ni de ses petits frères et sœurs, ne se sont guère améliorées. En revanche il a beaucoup d'amour pour sa maman décédée à la protection de laquelle il croit, par-delà la mort. Ses jeunes années ont été marquées par des braquages et des bagarres comme soupape à son désespoir, et beaucoup de prison ; il ressent une haine forte du monde institutionnel et des Blancs parce que, pour lui, ils sont toujours oiseaux de mauvais augure :

– Le premier Blanc qui a débarqué à la maison, c'était pour m'enlever un de mes frères pour le placer.

Quand il est sorti de prison, il lui était impossible d'adresser la parole à un Blanc. Aujourd'hui, ça va mieux. Manifestement, il ne s'aime pas et regrette les mauvaises relations qu'il a avec Pierre et d'autres membres du Rocher. Sa rencontre il y a deux ans avec Valmond a été déterminante, même s'il a mis du temps à lui faire confiance :

– Même lui, au début, je pouvais pas lui parler, j'avais pas confiance. Mais lui, il me faisait confiance et ça m'énervait qu'il me fasse confiance : je ne comprenais pas où était le piège.

Quand il lui a dit qu'il était sans le sou, Valmond lui a proposé sa carte de crédit.

– Wesh, mon gars, si j'te la rends pas?

Et il a regardé crânement Valmond qui, avec un beau sourire, lui a dit:

– Moi je te fais confiance, Abdoulaye.

Il reconnaît, aujourd'hui, que Valmond l'a sauvé. Sa belle envie de faire le bien, d'aider les jeunes à en faire nous touchent même s'il a conscience qu'il est encore au tout début du chemin:

– Je ne suis pas encore capable de vivre une vie normale, mais j'ai progressé.

Il a conscience d'avoir une mauvaise hygiène de vie, avoue qu'il ne dort pas la nuit, qu'il mange très irrégulièrement et il se rend compte qu'il lui faudrait quitter le quartier pour se reconstruire. C'est très rare qu'un grand jeune, blessé et méfiant, se confie de cette façon. En cinq ans de cité, trois occasions seulement nous ont été données d'écouter de telles confessions. Arrivés à destination, en fin de discussion, nous sentons que notre regard sur lui a changé et nous gardons précieusement dans notre cœur ces confidences qui nous aideront à mieux le comprendre et à mieux l'accompagner. Nous pensons néanmoins que ce garçon est en pleine dépression, ce qui nécessiterait peut-être une prise en charge médicale.

C'est à ce moment-là que le directeur du Rocher demande à Pierre d'accompagner Abdoulaye pour l'aider à bâtir un parcours de travail qui lui permette de retrouver un rythme normal et de déboucher sur un projet professionnel raisonnable. Mission aussi passionnante que casse-cou ! Il l'organise en fédérant une équipe d'amis qui connaissent bien le garçon et ont à cœur de l'aider. On se répartit les tâches : l'un s'occupe des relations avec la banque, l'autre des problèmes de logement, le troisième de le former à la gestion, le quatrième de le faire progresser en français écrit et Pierre se charge de l'accompagner dans son projet professionnel. Tout cela va fonctionner cahin-caha en s'adaptant à l'humeur changeante d'Abdoulaye. Tantôt doux et charmeur, tantôt agressif et même violent, il est plein d'idées aussi variables que son humeur : un jour, il veut aider les sans-abri et organiser des soupes populaires, le lendemain créer une école dans son pays d'origine, une autre fois s'installer comme taxi, puis il songe à prendre des responsabilités managériales au sein du Rocher… Un jour il me dit que Pierre lui apporte beaucoup, le lendemain il m'explique qu'il ne sert à rien, un jour il vient au rendez-vous, le lendemain il n'y vient pas. Toute l'énergie collective mise à son service ne débouche pas forcément sur des progrès continus, même si Abdoulaye nous réserve de belles surprises.

Ce qui est sûr, c'est que nous sommes désarmés pour l'accompagnement de ces grands gaillards trop blessés par la vie et parfois manipulateurs. Nous mesurons tous notre impuissance. Et cela dans la douleur car la compassion que nous avons pour eux rend plus aiguë notre perception du temps qui passe et de la violence, de l'alcool, de la drogue et de la désespérance qui continuent à les plomber durement. Le beau moment de la présentation du projet Roc'jobs devant le Medef sera suivi de rechutes : jusqu'à notre départ des Mureaux, Abdoulaye ne cessera de souffler le chaud et le froid et toute l'équipe pâtira de ses sautes d'humeur spectaculaires. À l'égard de Pierre, ce seront le plus souvent l'agressivité, les menaces et les insultes qui l'emporteront.

Nous débriefons une fois de plus avec Joël, l'éducateur attaché au Rocher qui organise des séances périodiques de relecture avec notre équipe. Pierre lui confie sa profonde lassitude. Ça fait maintenant un an qu'il est régulièrement insulté et menacé et ça n'évolue pas : si Abdoulaye n'a pas mis à exécution ses menaces de le tuer, il n'accepte plus de lui parler à cœur ouvert. Et Pierre se pose la sempiternelle question de savoir à quoi il sert. Joël le réconforte et réconforte l'équipe. Il explique que ses insultes et ses menaces montrent paradoxalement qu'il n'est pas indifférent à ce que nous sommes, à ce que nous représentons et à ce que nous lui disons. Incapable d'accepter sa situation, il imagine que les autres sont responsables de son mal-être. Résister, lui parler en vérité, dans les yeux, sans faiblir, peut l'aider à surmonter sa situation et à prendre le chemin d'une vraie reconstruction. Chemin qui pourra être long, voire très long, semé d'embûches et de rechutes. Mais, comme il a, enfoui en lui, un immense besoin de reconnaissance, il ne peut pas être insensible durablement à l'intérêt que nous lui portons. Dans les moments de grand découragement, nous pensons tous à Charles de Foucauld. Toute une vie à aimer sans résultat apparent ! Mais, dans son sillage, que de belles initiatives ont fleuri ! C'est peut-être ça, Le Rocher : être présent, s'offrir, aimer. Demain, dans le sillage du Rocher, les cités fleuriront. Demain peut-être Abdoulaye verra-t-il la fin de ses galères.

Polygamie

Si la polygamie est légalement interdite en France, elle a néanmoins été entérinée de fait par les pouvoirs publics. Un représentant de l'État m'a expliqué qu'à l'arrivée massive de familles polygames d'Afrique noire dans les années 1980, on les avait installées dans des duplex « pour ne pas séparer les fratries ». La première épouse au premier niveau et la seconde épouse au second niveau étaient tenues de cohabiter, sans qu'on ait pensé à les consulter. « Aminata, il est où ton papa ? » Réponse immédiate de l'enfant pointant son doigt vers le haut : « Il est chez ma tante. » En l'absence de duplex, ou s'il y avait plus de deux épouses, il pouvait y avoir attribution de plusieurs logements à moins que la situation administrative de toutes les épouses n'ait pas été réglée et, dans ce cas, elles cohabitaient toutes dans un seul appartement, le temps que la régularisation permette une demande officielle de logement supplémentaire. Depuis, le regard des politiques a changé et l'on encourage plutôt les femmes qui le désirent à prendre leur indépendance. Des associations spécialisées se sont même montées pour cela. Néanmoins, les mentalités peinent à changer chez les hommes, qui revendiquent souvent le droit que leur donne le Coran d'avoir jusqu'à quatre épouses.

Pierre m'a parlé d'un jeune Sénégalais, de la première génération née en France, qui, en pleine montée de sève, lui faisait part de son désir d'avoir « plein de femmes », ici et au bled où d'ailleurs il n'est pas né ! La présence en France ne tarit pas toujours l'élan polygame ! Essentiellement dans la communauté musulmane subsaharienne, nous avons rencontré des hommes qui prennent plusieurs épouses en France ; dans ce cas, ils sont mariés avec la première et « gèrent » des « mères célibataires ». Il y a aussi ceux qui sont venus du pays avec une épouse puis qui, de temps en temps, en ramènent d'autre(s). Plus étonnant encore, il y a ceux qui sont nés en France, n'y trouvent pas d'épouse musulmane à leur goût et vont alors en prendre une, au pays, désignée par la famille, qu'ils ramènent en France. Enfin, il y a ceux qui combinent épouse(s) en France et épouse(s) au bled. Si on y rajoute les éventuels divorces ou séparations, on se trouve parfois confrontés à des situations compliquées que la Sécurité sociale et la CAF mettent beaucoup d'énergie à traiter !

J'ai vu d'un peu plus près, en fréquentant Bintou, comment fonctionne une famille polygame : c'est le mari qui, le plus souvent, touche les allocations familiales sur son compte bancaire personnel. Dans ce cas, ses épouses n'auront même pas droit à la retraite des mères de famille. Bintou m'a expliqué que c'est lui qui paye les loyers des appartements de ses épouses, l'une des épouses travaillant pour assurer la scolarité et les frais divers de l'ensemble des enfants, une autre, elle en l'occurrence, pour assurer leur subsistance… Toutes les tâches et les responsabilités sont réparties entre les épouses. Pauvre Bintou : elle se levait vers 4 heures du matin pour aller faire des ménages dans des administrations ou des magasins, elle rentrait chez elle vers 11 heures après avoir fait son marché sur le chemin du retour puis elle préparait le repas de tous qu'elle servait debout, puis elle s'occupait du linge et du ménage sans s'arrêter une minute jusqu'au soir. Quand j'allais chez elle, je la voyais s'activer sans jamais s'asseoir tandis qu'une ribambelle d'hommes vautrés sur les canapés (fils ? frères ? cousins ? neveux ? mari ?...) attendaient qu'elle les serve. Elle n'est jamais venue s'asseoir un moment au local mais, pourtant, combien de fois nous l'avons vue, les traits tirés et la mine fatiguée, nous apporter des plats pantagruéliques pour un repas « saveurs du monde », avant de repartir aussitôt.

J'ai reçu aussi les confidences d'une amie africaine qui m'a parlé de la souffrance de sa mère, chrétienne, d'avoir dû partager son mari avec une autre femme ; mais j'ai entendu une autre jeune femme dire que son père avait traité avec justice ses épouses et que sa mère avait été heureuse. Je lui ai alors demandé :

– Et toi, tu accepterais que ton mari ait plusieurs épouses ?

– Ah non, ça jamais ! s'est-elle aussitôt écriée.

La polygamie est beaucoup moins fréquente dans les familles originaires du Maghreb mais elle prend d'autres formes : j'ai également reçu les confidences douloureuses de deux femmes formidables qui, dans deux cités différentes, ont employé sans se connaître les mêmes terribles expressions pour évoquer le départ de leur mari au bled, une fois les enfants élevés. En général, si ce n'est pas pour s'occuper de leur mère, ils partent pour en épouser une plus jeune et laissent la première sans aucune ressource.

– Quand on a fini de servir, m'ont-elles dit, ils nous jettent à la poubelle…

Et l'une d'elles d'ajouter :

– Ce n'est pas comme chez vous : je vois bien que Pierre te respecte.

Et de généraliser, peut-être un peu vite :

– Les maris chrétiens, c'est pas comme les maris musulmans, ils respectent leur femme.

Relations hommes-femmes

Nous avons bien sûr rencontré aussi en cité beaucoup de familles monogames mais je n'y ai pas rencontré beaucoup de femmes que leur mariage ait satisfaites. Je me souviens d'une conversation amusante entendue alors que nous revenions, avec quelques amies musulmanes, d'une exposition florale sur les bords de la Seine. Certaines, habitant pourtant de longue date à deux ou trois kilomètres seulement, en découvraient les méandres et la beauté pour la première fois. Au milieu de visiteurs et de visiteuses venus pour la plupart des villes chics des Yvelines, mes amies africaines en boubou ou berbères en tenue traditionnelle n'étaient pas passées inaperçues, fleurs parmi les fleurs dans leurs tenues colorées. Sur le chemin du retour, chacune commente et montre ses emplettes quand le hasard veut que nous traversions un mariage, avec tous ses flonflons. Et Yasmina de dire ironiquement à l'intention des mariés, à voix suffisamment haute pour que chacune entende :

– Bon courage !

La conversation s'oriente alors vers les difficultés du mariage, sur le mode « de notre temps, c'était différent ». Ces dames ont en effet pour la plupart dépassé la cinquantaine et déplorent unanimement le nombre des divorces, la facilité qu'ont les couples d'aujourd'hui à se séparer au moindre différend au lieu de discuter et de trouver des compromis, et même la cohabitation hors mariage :

– On se lasse l'un de l'autre avant même le mariage, déplore Zohra, aussitôt soutenue par les autres.

Amusée, je me dis que la même conversation pourrait avoir lieu dans un cercle de dames patronnesses, avec les mêmes remarques et les mêmes arguments, mais sans la saveur d'un français coloré d'exotisme !

Je profite des circonstances pour interroger mes amies sur la façon dont se déroule un mariage musulman. À l'exception de l'une d'elles, toutes s'accommodent du fait que les festivités se déroulent d'un bout à l'autre en séparant les hommes des femmes. Pour les femmes du Maghreb qui s'habillent le plus souvent dans la vie quotidienne de vêtements informes aux couleurs foncées, c'est l'occasion de rivaliser de coquetterie sans prêter à conséquence. Elles choisissent leur plus belle robe, si possible couverte de broderies et de paillettes et décolletée si elles sont jeunes, se couvrent de bijoux et se maquillent outrageusement, ce qu'elles ne font jamais dans la vie quotidienne. La mariée, elle-même fardée comme une actrice, est le plus souvent méconnaissable, comme j'ai pu le constater sur les photos qu'elles m'ont montrées. Dans un tel contexte, je ne suis pas trop surprise par l'explication que me donne l'une d'elles du fait qu'elles restent entre femmes:

– Tu comprends, c'est impensable que mon mari soit là. Il risquerait de regarder ma copine Rabia! Et moi, si un de ses amis me regardait, tu imagines la scène qui suivrait!

Aux conversations que j'aurai par la suite, je comprendrai que toute relation avec un homme se place sous l'angle de la séduction et que si elles s'habillent ordinairement de façon aussi peu élégante, c'est pour ne pas séduire et éviter aussi le regard prédateur des hommes qu'elles jugent incapables de réfréner leurs pulsions sexuelles. C'est pourquoi les femmes ne se reçoivent qu'entre elles et presque toujours en famille. On ne reçoit pas d'amie chez soi de peur qu'une relation ne s'instaure avec le mari.

Je comprends mieux, du coup, le succès du café des femmes, où elles peuvent tisser des relations amicales hors du cercle familial qui peut devenir étouffant. De façon générale, ces femmes m'ont semblé très seules: il n'y a pas beaucoup de communication dans le couple ni dans la famille et peu d'entraide hors du cercle familial. On ne se mêle pas des affaires des autres, surtout lorsque le sujet concerne des déviances par rapport à la religion, à la morale ou à la loi.

Je comprends mieux aussi les difficultés que je rencontre à organiser un camp famille à Saint-Malo: mon idée première est d'emmener trois familles que j'apprécie, dont les mamans et les enfants se connaissent, passer quelques jours de vacances en bord de mer. Quand je parle du projet aux trois mamans concernées, je vois des étoiles briller dans leurs yeux, puis leur visage s'assombrir :

– Jamais nos maris ne nous laisseront partir, disent-elles en chœur.

– Mais ils sont invités eux aussi, et Pierre sera là !

Elles promettent d'en parler à la maison. L'ont-elles réellement fait ? Nous ne le saurons jamais. Toujours est-il qu'il a été impossible à Pierre de rencontrer les maris. Je propose alors que l'encadrement soit exclusivement féminin et qu'elles viennent avec leurs enfants sans leurs maris.

– Ils ne veulent pas nous laisser partir, me répondent-elles un peu plus tard.

Et l'une d'elles ajoute :

– Déjà qu'ils trouvent que Le Rocher nous ouvre un peu trop l'esprit…

Du coup nous sommes parties avec quatre autres mamans seules : deux divorcées, et deux mariées mais dont les maris se sont montrés plus compréhensifs.

À l'occasion d'un autre séjour de vacances où nous avons emmené deux familles, j'ai pu néanmoins observer une évolution intéressante chez des jeunes femmes nées et élevées en France puisque cette fois, les maris étaient là. C'étaient des couples plus jeunes et l'une des mamans m'a semblé avoir avec son mari des relations plus faciles et des attentes différentes. Bien que musulmane « de stricte observance », et portant une tenue qui ne montrait que son visage et ses mains, elle avait connu la mixité à l'école depuis la maternelle jusqu'à la fin de ses études. Comme d'autres, elle avait vu que, scolairement parlant, les filles réussissaient souvent mieux que les garçons et elle avait été peu ou prou en contact avec des familles françaises où la communication dans les couples et la répartition des tâches au sein du foyer étaient différentes de ce qu'elle avait connu chez ses parents. Non seulement elle a réussi à convaincre son mari de participer à ce séjour avec nous et un autre couple de la cité mais nous pouvons voir que les deux jeunes pères présents secondent leurs épouses pour les repas, la toilette ou le coucher des enfants.

Chez les garçons élevés en France qui ont fait des études et trouvé un emploi, le choix d'une épouse est parfois problématique. Un soir que nous recevons à dîner le frère aîné d'Hakim, Zied, ce dernier, âgé d'environ 25 ans, nous demande de façon touchante :

– Comment sait-on que l'on est amoureux ? Et comment fait-on pour déclarer sa flamme à la fille qui nous plaît ?

À la génération précédente, le mariage était imposé par les parents qui choisissaient le plus souvent pour belle-fille une nièce et ne se souciaient guère de savoir si les principaux intéressés se plaisaient. La situation de Zied est donc inédite et ce n'est pas simple pour lui. Aux dernières nouvelles, il est toujours célibataire... Épouser une Française ? Ce n'est pas pour lui évident, car il est conscient des écarts religieux et culturels qui ne facilitent pas une relation durable. Épouser une Beurette bien intégrée qui, comme lui, a fait des études? Il n'en connaît pas beaucoup car la plupart ont quitté le quartier et, par ailleurs, elles ont souvent d'autres attentes: faire carrière sans s'encombrer d'enfants ou… épouser un Français! Alors, il risque de lui arriver ce qui est arrivé à d'autres et qui conduit parfois à la catastrophe: accepter que sa mère s'occupe de lui ramener une épouse du bled… au risque que les écarts culturels soient encore plus grands et que l'épouse en question, dès qu'elle aura eu des enfants, le mette dehors pour les élever seule et à sa guise. Nous en avons eu plusieurs exemples.

Migrants

Pendant nos deux premières années aux Mureaux, nous rencontrons assez peu de migrants en situation irrégulière. Ce sont essentiellement des familles du Maghreb ou d'Afrique noire qui ont passé de façon légale plusieurs années en Italie (comme celle d'Oussénou) ou en Espagne (comme celle d'Ali qui peinait tant au collège), espérant s'y établir définitivement.

Un jour, je sympathise avec une famille arménienne: quand je fais la connaissance d'Asmig, elle vit depuis plus de trois ans dans un hébergement d'urgence, en l'occurrence une chambre de douze mètres carrés dans un hôtel, avec son mari Georg et leurs deux enfants. Ils ont fui l'Arménie, où ils avaient deux commerces de maroquinerie, à la suite de menaces de mort proférées par la mafia locale qui avait essayé en vain de les racketter. Partis en Russie dont ils parlaient la langue et où ils espéraient s'installer, ils avaient retrouvé les mêmes problèmes et décidé d'aller en France.

Bien qu'ils ne soient pas réfugiés politiques, la France, parce qu'ils ont des enfants, les accueille en leur offrant une chambre d'hôtel, en scolarisant les enfants, en leur attribuant l'aide médicale d'État. Mais elle ne leur donne pas les papiers adéquats pour travailler légalement. Le mari fait donc des petits boulots au noir, mal payés, à des kilomètres de chez lui, et Asmig, qui parle et écrit au moins quatre langues (arménien, russe, anglais et français), lassée de tourner en rond dans leur unique chambre, accepte de servir dans un restaurant arménien où elle ne peut être déclarée et où on la paye généreusement… 3,50 euros de l'heure ! Après trois ans à courir d'administration en administration sans résultat, elle finit par accepter la précarité de leur situation parce qu'elle sait qu'ils pourront obtenir sans difficulté leurs papiers quand ils apporteront la preuve que leurs enfants ont été scolarisés en France pendant cinq années consécutives. Et c'est ce qui s'est passé un jour de l'été dernier où, comme par magie, tout s'est débloqué. Aujourd'hui, ils habitent dans une autre ville un logement décent et peuvent travailler légalement. Mais pourquoi les avoir fait attendre si longtemps ? Pourquoi les avoir obligés à travailler illégalement, loin de chez eux, à des salaires inadmissibles ? Pourquoi leur avoir refusé la dignité d'un travail normal ?

De plus en plus, en cette troisième année aux Mureaux, nous allons rencontrer des personnes isolées qui ont fui leur pays pour diverses raisons. Un jour de permanence des pères, au cœur de l'hiver, un grand escogriffe timide entre au local. Il est accueilli chaleureusement. Il parle mal, très mal, le français. Il s'appelle Mamadou et nous comprenons qu'il est de Mauritanie, d'où il a fui en 2011 pour arriver en France à la fin de l'année 2015 après un long périple en Turquie, en Grèce, dans les pays de l'Est et en Allemagne. Il vit avec une allocation de demandeur d'asile (ADA) d'environ 200 euros par mois, le temps que son dossier soit régularisé. Pierre sympathise bien avec lui et lui propose de revenir, en semaine, pour prendre le temps de comprendre son dossier. Arrivé en France, Mamadou a fait une demande de statut de réfugié auprès de l'Office français de protection des réfugiés et des apatrides (Ofpra)[1]. Pierre transcrit ce qu'il croit comprendre de ce qu'il lui explique: « J'habitais Sinthiane, dans un village avec mes parents, dans une maison qui donnait sur le fleuve qu'on appelle le Maayo. Ma famille avait de bonnes terres, beaucoup étaient recouvertes d'eau. Au sud du village, quand l'eau partait on plantait du maïs et des haricots. Au nord, on plantait le mil, le maïs, la pastèque et à l'est, du millet pour faire de la semoule. Nous n'avions pas beaucoup d'animaux. La récolte était vendue

1. www.ofpra.gouv.fr: l'Ofpra est un établissement public chargé de l'application des textes français et européens ainsi que des conventions internationales relatifs à la reconnaissance de la qualité de réfugié, d'apatride et à l'admission à la protection subsidiaire.

à de grands commerçants maures ou négro-mauritaniens, à des habitants sans terre. Ma famille était riche avant que les terres soient confisquées. » Les difficultés ont commencé pour lui lorsque des hommes d'affaires maures sont venus confisquer les terres de son père et d'autres agriculteurs. Il y a eu des manifestations. Le 20 juillet 2011, il est allé avec de nombreux villageois à la ville de Maghama. Là, les choses ont dégénéré, la police a chargé et il a été mis en prison. Quelques semaines plus tard un jeune Négro-Mauritanien est tué par la police à Maghama. Du coup, ayant peur de subir le même sort, il s'échappe et s'enfuit de son pays sans attendre d'y passer en justice. « Là-bas, insiste-t-il, la vie n'est rien ! » Mais l'Ofpra refuse sa demande de statut de réfugié au motif qu'il ne démontre pas suffisamment les faits ayant entraîné sa fuite. Pierre va l'aider à monter son recours devant la Cour nationale du droit d'asile (CNDA)[1] et, pour cela, se plonger sur Internet pour constater, en effet, qu'entre esclavage et spoliation, la Mauritanie est un pays de non-droit, où règnent l'arbitraire et l'injustice mais, surtout, pour vérifier qu'il y a bien eu des émeutes à Maghama pendant l'été 2011. Pour changer d'air, nous lui proposons de participer au camp chantier que nous organisons dans le Sud pour nos grands jeunes. Il est d'accord et Pierre part avec lui. Il va montrer une belle ardeur au travail, une belle humeur et beaucoup d'entrain. Et mettre entre parenthèses son souci

1. www.cnda.fr: la CNDA, compétente pour connaître des décisions relatives aux demandes d'asile, est une juridiction administrative spécialisée statuant en premier et dernier ressort sur les recours formés contre les décisions de l'Ofpra.

de régularisation. Pierre est agréablement surpris, pour avoir accompagné un certain nombre de migrants, de leur forte volonté de s'en sortir. Ils sont bosseurs et les « profiteurs » sont beaucoup, beaucoup moins nombreux que les travailleurs. De retour en cité, on continue à travailler son dossier avec Mamadou. Pierre a pu obtenir des témoignages de Mauritanie et les informations glanées sur Internet nous permettent de monter un dossier étayé, même si, longtemps, nous nous sommes posé la question de la véracité des allégations de Mamadou. En conscience, au vu des éléments, nous sommes finalement convaincus que sa situation est telle qu'il l'a décrite, qu'il a participé aux manifestations, qu'il est recherché et qu'il risque bien sa vie en Mauritanie.

Pierre réussit à monter avec lui un dossier qu'il pense être en béton et les juges de la CNDA vont essayer de l'apprécier, le jour de l'audience, en écoutant Mamadou. Il est assisté d'un traducteur officiel et Pierre n'a pas le droit d'intervenir. Connaissant le dossier par cœur et ayant passé des heures dessus avec Mamadou, il comprend rapidement que le traducteur traduit de façon très inexacte, pour la Cour, les réponses de Mamadou. Après plus d'une heure d'audience, il voit à la tête des juges que c'est fichu ! Mamadou, lui, n'a rien perçu :

– Pierre, j'ai prié beaucoup Allah et au pays mon papa et ma famille ont prié beaucoup Allah. Toi, tu as prié beaucoup Jésus. Alors c'est bon !

Mamadou, tu peux multiplier les prières, des traductions tordues restent tordues aux oreilles de la justice.

Quand le résultat tombe, il est négatif. Mamadou n'a pas fait la preuve de la réalité de sa situation. Nous sommes tristes pour lui. Que va-t-il devenir ? Il va faire l'objet d'une OQT, obligation de quitter le territoire, mais ne veut pas rentrer en Mauritanie. Il reste donc en France dans la clandestinité, espérant pouvoir être régularisé un jour et avoir le droit de travailler officiellement. Nous quitterons les Mureaux sans l'avoir revu mais au téléphone, de temps en temps, il dit à Pierre l'espoir qu'il a de s'en sortir. Et, deux ans plus tard, au cours d'une brève visite dans la cité où nous l'avons connu, il nous apprendra qu'il a réussi à nouveau à entrer dans un circuit de régularisation. Comment ? Nous ne chercherons pas à le savoir mais nous nous interrogerons sur l'utilité de l'Ofpra et de la CNDA si c'est finalement pour revenir au point de départ. Pourquoi laisser traîner un jeune si longtemps dans l'oisiveté, les petits boulots mal payés et le risque de se faire happer par les trafics illicites puisqu'il sait qu'en restant en France dans la clandestinité, sa situation finira par être régularisée ?

Mon amie Fatima, arrivée dans les années 1980 avec son mari doté d'un contrat de travail et qui voit d'un mauvais œil l'arrivée massive de nouveaux immigrés (« Nous, on a travaillé ; nous, on paye des impôts ; nous on cotise à la Sécurité sociale, eux ils ont tous les droits... »), m'a assuré un jour que la moitié environ de ceux qui vivent aux Mureaux dans des logements sociaux seraient en situation irrégulière et généreraient des activités lucratives pour les autres : des femmes seules sous-loueraient une ou plusieurs chambres, d'autres assureraient, moyennant dédommagement, des sortes de cantines clandestines... Nous n'avons pas pu vérifier ses dires mais nous avons rencontré de plus en plus de clandestins pendant la dernière année que nous y avons passée.

Un samedi, arrive au café des pères Koffi, un Ivoirien aux cheveux blanchissants. Il souhaite qu'on l'aide à trouver un logement. Il nous explique qu'il est à la retraite dans son pays et qu'il est venu en France chez sa sœur avec un visa touristique. Il est diabétique et dit avoir besoin de trois dialyses par semaine ; en Côte d'Ivoire, elles sont payantes et seraient limitées à deux alors qu'en France, on lui en fait trois gratuites. Mais sa sœur trouve qu'il s'éternise trop et l'a mis à la porte. Comme on lui a dit que Le Rocher « il est bien gentil », il nous demande un appartement. Il est reçu par Pierre et Jacques, notre ami béninois qui tient la permanence et qui fulmine :

– Alors, tu n'as jamais mis les pieds en France et tu viens te faire soigner ?

Notre visiteur ne se démonte pas :

– Oui, un médecin m'a fait un certificat, la préfecture m'a prolongé mon séjour et l'hôpital ne me fait rien payer. Alors je reste.

Il montre le certificat du médecin : « Je soussigné certifie que M. Koffi (date de naissance) présente un état de santé pouvant justifier une prolongation de séjour. » Nous expliquons alors à Koffi que Le Rocher n'est pas pourvoyeur d'appartements et qu'il paraît plus logique qu'il s'adresse à son ambassade. Il y trouvera plus d'aide qu'avec nous qui ne sommes pas très compétents en matière de logement. Il répond, un peu furieux :

– Si vous croyez qu'ils vont m'aider ! Vous préférez que je meure, c'est ça ?

Travailler sans papiers

Un soir au local, Pierre est en train de discuter avec son ami Oussénou, ce père de famille qui avait émigré en Italie avant d'arriver en France et qui souffrait d'avoir entraîné sa famille dans ses galères. Abdoulaye entre sans frapper avec un garçon inconnu et les interrompt :

– Wesh, mon frère, c'est Miloud, faut qu'tu l'aides.

On se salue et on propose qu'ils s'asseyent. Par discrétion, Oussénou se recule un peu. Miloud, avachi sur sa chaise, la casquette à l'envers, explique :

– Ouais, j'suis dans la merde. Ça fait trois ans que j'suis en France sans boulot. Ils me donnent même pas les papiers ces enc… La vie elle est dure mon frère, sur la tête à ma mère, faut que tu me trouves un taf.

Abdoulaye en rajoute une couche :

– Je lui ai dit que Le Rocher lui trouverait un boulot. N'importe quoi. Faut qu'tu lui trouves, Pierre !

Pierre est furieux. Non seulement Abdoulaye s'est engagé pour lui sans le consulter, mais en plus le garçon n'a visiblement pas l'attitude de quelqu'un qui cherche du boulot. Oussénou intervient et s'adresse directement au lascar :

– Mon frère, je ne crois pas que tu as envie de travailler. Le travail, il y en a. Si tu veux travailler, tu prends les papiers d'un autre, tu vas à l'intérim et tu trouves.

Sur ce, le garçon bredouille, s'emberlificote dans ses explications. Abdoulaye s'énerve, engueule Oussénou, engueule Pierre, cogne sur un mur, maudit Le Rocher. Rien ne peut le calmer et Pierre finit par le mettre à la porte avec son Miloud. Ce jour-là, l'accueil inconditionnel a eu ses limites !

Cette histoire de pouvoir travailler avec les papiers d'un autre perturbe Pierre qui va creuser et trouver. Il faut aller sur le site service-public.fr où on vous l'explique : « Le travailleur étranger en situation irrégulière peut obtenir, au titre de l'admission exceptionnelle au séjour, une carte de séjour salarié ou travailleur temporaire. Il s'agit de régularisations au cas par cas. L'étranger doit remplir des conditions d'ancienneté de séjour et de travail en France. Il doit déposer sa demande en préfecture[1]. » En questionnant à droite et à gauche, il récolte un certain nombre de témoignages. Sachant que la photocopie en noir et blanc de papiers d'identité ne permet pas toujours de reconnaître le titulaire, le sans-papiers, par définition en situation irrégulière, emprunte contre dédommagement la photocopie de ses papiers à un contact en situation régulière et va décrocher un job en intérim, voire un CDD, voire un CDI. Tous les mois, il verse une redevance au propriétaire des papiers. Lequel, en situation régulière, peut, s'il est bonne âme, faire la même opération avec un, voire deux autres collègues en situation irrégulière. Cela a deux avantages pour lui : ça lui rapporte plusieurs centaines d'euros par mois et ça lui permet de bosser au black. Donc l'irrégulier bosse régulièrement et

1. https://www.service-public.fr/particuliers/vosdroits/F16053

le régulier bosse irrégulièrement ! Aux innocents les mains pleines ! *In fine*, dixit service-public, s'il a une « ancienneté de séjour en France de 5 ans minimum, sauf exception, et une ancienneté de travail de 8 mois sur les 2 dernières années ou de 30 mois sur les 5 dernières années », il peut demander à sa boîte d'intérim ou à sa société de lui faire une attestation avec son vrai nom. Et direction la préfecture pour monter un dossier de régularisation. Pour faire bref, il lui est interdit de travailler mais s'il démontre qu'il a travaillé…

Il y a plus triste. Ces vrais-faux « salariés » ont à cœur de bien travailler dans des boulots non qualifiés (nettoyage, restauration, manœuvre, manutention…). Les sociétés d'intérim, comme les employeurs, sachant qu'ils sont, de fait, en situation irrégulière, sont assurés qu'ils ne diront rien si on ne leur paie pas toutes les heures, toutes les primes, ou si on ne leur applique pas toutes les règles de la profession. Sur France Info, nous apprenons que « la CGT a occupé les locaux du marché d'intérêt national de Rungis (ce jour) pour dénoncer la situation de 600 travailleurs africains sans papiers, et demander la régularisation d'une centaine d'entre eux[1] ». Tout dans le reportage décrit ce que nous savons : « Ces travailleurs viennent principalement d'Afrique et sont là pour certains depuis plusieurs années. Parmi eux, Bama, arrivé en 2013 de Bamako. Ce salarié en poissonnerie qui s'occupe du "grattage des filets", dit commencer ses journées à 8 heures le

1. http://www.francetvinfo.fr/economie/emploi/action-des-travailleurs-sans-papiers-a-rungis-les-patrons-profitent-de-nous-ca-ne-peut-plus-durer_2099973.html

matin, parfois jusqu'à 20 heures. » « C'est le patron qui décide de tout, explique Bama. Et toi, tu le fais parce que tu sais que tu es fragile, tu n'as pas de papiers, tu n'as pas le choix. » Et il ajoute : « Les patrons profitent de nous, ils ne payent pas nos heures supplémentaires. Je paye toutes mes cotisations, je paye mon loyer, etc. Je ne vole pas. Je suis là discrètement, je prends des cours de français... Il faut que j'aie des papiers, sinon ça ne va pas aller du tout ! » Le commentateur explique : « Dans son dossier prêt à être envoyé en préfecture, Bama a bien glissé ses dizaines de bulletins de salaire et sa déclaration d'impôts. Ces sans-papiers ne travaillent pas au noir. Ils ont des contrats légaux, mais tout le monde sait qu'il y a une ruse derrière : de fausses identités [...]. » « Pour un patron aujourd'hui à Rungis, embaucher un travailleur sans papiers, c'est avoir quelqu'un qui ne se plaint jamais, qui ne saisira jamais le conseil des prud'hommes, qui est docile, malléable, et qui ne dit rien, parce que les salariés savent très bien qu'il y a une sorte de chantage », explique Tarik, syndicaliste. Il poursuit : « Si la personne se plaint un peu trop, le patron peut feindre de découvrir que finalement ses papiers sont faux, ou que son identité n'est pas la bonne. Et là, on appelle la police ! »

Le contraste est saisissant avec ce que nous disent les immigrés de la première génération, qui sont arrivés avec un contrat de travail, ont bénéficié d'une formation, ont été logés, et n'ont dans l'ensemble rien à redire sur l'accueil que leur a réservé la France. On parlait moins alors du respect des personnes et de l'accueil des immigrés mais on agissait davantage.

CAF comme Kafka !

Le grand jour est arrivé. Après trois ans à courir les administrations, Oussénou, notre ami ivoirien, nous apprend, radieux, que sa carte de séjour l'attend à la sous-préfecture. Il nous demande de l'accompagner. Là, nous prenons un ticket et faisons la queue dans une grande salle remplie de monde. Sur l'écran, son numéro s'affiche enfin et nous allons dans le box indiqué. Sans nous regarder, une dame nous dit sèchement :

– Asseyez-vous. Votre convocation !

Oussénou la lui tend. À partir de là, nous assistons à un véritable maelström de la dame entre clavier, imprimante dans une autre pièce, photocopieuse dans une troisième pièce et tiroir ailleurs pour prendre je ne sais quel papier qu'elle incorpore au dossier après y avoir griffonné quelque chose. Au bout de dix minutes, toujours sans regarder Oussénou, elle tend une sorte de petit scanner :

– Mettez chacun de vos doigts là. Non, pas comme ça, comme ça.

Il s'exécute gentiment ; il les mettrait au plafond s'il fallait ! Elle repart en impressions et photocopies. Soudain un document apparaît entre ses mains, elle y agrafe une photo et, toujours sans regarder Oussénou :

– Signez là !

Agacé, Pierre se baisse pour capter le regard de la dame et lui dit aimablement :

– Madame, c'est un moment très important pour Oussénou. Ça fait trois ans qu'il attend ce jour.

Alors elle lève les yeux sur lui et le gratifie enfin d'un beau sourire. En sortant, Pierre fait ses excuses à OusSénou :

– Ce n'est pas la France ça, mon frère, c'est l'administration républicaine ! Un jour, il y aura peut-être un peu d'humanité dans ces bureaux.

Mais lui est tout à sa joie d'être enfin en situation régulière. Une semaine après, il a un CDI.

Avant même l'obtention de sa carte de séjour, Oussénou avait fait une demande de logement social en concordance avec la taille de sa famille mais la CAF ne reconnaît pas deux des enfants d'Oussénou, le deuxième et le troisième, nés en Italie comme l'aîné et de la même mère ! Pour la quatrième fois, elle demande le certificat de naissance d'un de ses enfants, dont la non-production bloque le dossier. Pour la quatrième fois, il l'envoie en lettre recommandée. Comme Oussénou n'a pas de nouvelles, nous allons sur place expliquer, accusé de réception à l'appui, que le document a bien été envoyé. La dame de l'accueil pense que le courrier s'est perdu ou qu'il est en attente de scannage car avant d'être mis dans le dossier, le document doit être scanné. Or le travail de scannage a beaucoup de retard et tant qu'il ne sera pas dans le dossier, il y aura des relances dont il ne faut pas tenir compte : c'est fait automatiquement. Pierre sent son Oussénou un peu perdu !

Un logement avec trois chambres lui est finalement proposé pour lui, son épouse et leurs quatre enfants. Cependant comme la CAF n'a enregistré que deux enfants, le bailleur tique avant de trouver un compromis : le logement lui sera attribué mais avec une prise en charge de la CAF correspondant à deux enfants. Mais comme la CAF ne comprend pas qu'on lui ait attribué un logement pour quatre enfants, le dossier logement reste bloqué ! Après trois ans de démarches, Oussénou découvre que la question est finalement celle du regroupement familial. Il lui aurait fallu commencer par là mais personne ne le lui a dit ! Il lui faut donc repartir à zéro pour monter un nouveau dossier : assistante sociale, production de documents, rendez-vous… Il dit à Pierre au téléphone :

– Je repars pour deux ans de paperasse, mon frère.

Le problème dans tout cela, c'est aussi le nombre incalculable de fonctionnaires ou de salariés d'administrations qui gèrent des foultitudes de dossiers qui avancent très lentement parce que la législation est tellement embrouillée qu'ils ne s'y retrouvent pas. Quelque temps après, Oussénou nous raconte en riant :

– J'ai été convoqué par une assistante sociale qui m'a fait remplir beaucoup de papiers. Un moment, elle me demande si je veux le RSA. Je lui fais répéter. Je ne comprends pas ce que c'est ce RSA et elle m'explique que c'est de l'argent qu'on me versera tous les mois. Alors je lui dis que ce n'est pas digne de recevoir de l'argent comme ça. Mais elle s'est vexée et elle m'a dit « tant pis pour vous », et pas gentiment.

Nous sommes vraiment tombés sur un cas avec cet Oussénou ! De toute façon, comme il est en CDI, je ne vois pas comment il aurait pu toucher aussi le RSA. Mais Big Brother a ses raisons que la raison ne connaît pas. C'est ainsi que j'apprendrai que plusieurs mois après sa régularisation, il continue à bénéficier de l'aide médicale d'État qui lui est renouvelée systématiquement. Vive la France !

En quittant les Mureaux, nous nous sommes éloignés d'Oussénou mais restons épisodiquement en relation téléphonique avec lui. Un jour, après une parlotte banale, au moment de raccrocher, il dit tout d'un coup à Pierre :

– Tu me manques mais, tu sais, j'ai vu Sébastien après ton départ. Avec son sourire, il m'aide à t'oublier.

Nicolas est un bénévole du Rocher qui a accepté d'accompagner Oussénou après notre départ. Pour que lui, qui exprime rarement ses sentiments, partage ça, c'est que Sébastien a gagné son cœur. Merci, Sébastien, pour Oussénou.

En Algérie

Un couple de la cité, Zohra et Younès, nous invite en Algérie et nous profitons de ce voyage pour faire un détour par Constantine, où Pierre a vécu enfant avant l'indépendance, afin de retrouver la tombe de son grand-père. Sur place, nous tombons sur le seul chauffeur de taxi qui ne connaît aucun mot de français ! C'est compliqué de lui faire comprendre qu'on veut aller au cimetière chrétien. À force de gestes et de mimiques, cela semble gagné et il nous demande :

– Ah, *maqbara yahudia* ?

Je crois qu'il a compris « cimetière chrétien » et lui dis :

– Oui !

Nous montons vers le cimetière et, tout en conduisant, il frotte ses deux index l'un contre l'autre et lâche :

– *Muslim yahudia kwaiès.*

Je crois traduire : « Musulmans et chrétiens vont bien ensemble. » J'opine, évidemment. Arrivé devant le cimetière, fermé, je vois une grosse étoile à six branches. Je comprends que *yahudia* veut dire « juif » et me tourne vers le chauffeur :

– *Ana leh yahudia !* Moi pas juive.

Il me regarde avec des yeux ébahis :

– *Mafich yahudia ?...* Ah, christiane ?

Oui, mon ami, nous sommes chrétiens. Tout sourire, il nous demande de remonter dans la voiture. En chemin, tout en conduisant, il frotte à nouveau ses deux index l'un contre l'autre et conclut :

– *Muslim christiane kwaiès, yahudia shitaan*, Musulmans et chrétiens vont bien ensemble, les juifs c'est le diable !

De l'art et la manière de s'adapter aux circonstances !

Je n'avais vraiment pas envie d'aller en Algérie et, encore moins d'y rechercher une hypothétique tombe. J'étais persuadée que nous ferions chou blanc ! De plus, Pierre, traumatisé par son départ précipité au moment de l'indépendance, semblait avoir tout oublié des cinq années de son enfance à Constantine. Je pensais qu'il ne retrouverait rien. Mais au cimetière, un gardien très sympathique nous ouvre ses registres. Nous y voyons la mention de l'enterrement du grand-père de Pierre, le numéro de la tombe, de l'allée et du carré. À partir de là, un plan manuscrit des emplacements des tombes nous permet de la retrouver, cachée sous une épaisse végétation où nous nous glissons. Là, devant la tombe, un grand moment d'émotion : Jules Chazerans, décédé le 3 novembre 1943. Je comprends mieux que Pierre m'affirme que cette terre est aussi la sienne. Comme l'Algérie est belle et lumineuse ! Ici les jeunes Algériens aiment la France qu'ils ne connaissent pas. Chez nous, des jeunes Algériens n'aiment pas la France qu'ils connaissent. Comment la leur faire aimer ?

Nous nous rendons ensuite à Oran où nous sommes accueillis par Zohra et Younès, nos amis de la cité, pour quelques jours de vrai bonheur. Nous visitons tout. Évidemment, on monte voir « Lala Meriem » au sanctuaire de Notre-Dame-de-Santa-Cruz qui domine la ville, là même où seront béatifiés les martyrs d'Algérie. Hélas, un épais brouillard cache la vue et l'on ne voit rien sauf les travaux de remise en état du sanctuaire et de la statue de la Vierge Marie : travaux autorisés et cofinancés par l'État algérien et la municipalité. Nous visitons le marché et passons de commerçants en commerçants. Pierre ne peut s'empêcher de vouloir parler avec tout le monde et c'est compliqué de déambuler tranquillement et incognito. Je vois un étal de dattes qui m'ont l'air appétissantes. Je lève les yeux et tombe sur le regard noir du marchand, barbu comme un vrai barbu de chez nous. Pensant que les dattes ne sont pas salafistes, j'en achète un kilo pendant que Pierre s'approche. J'entends alors le barbu lui parler durement en arabe. Ne comprenant rien à ce qu'il lui dit, je demande à Younès ce qu'il veut.

– Il lui demande de prendre sa main et de répéter après lui !

Pierre comprend immédiatement que le commerçant veut lui faire dire la *chahada*, la profession de foi musulmane : celui qui la prononce devant témoin devient *ipso facto* musulman. Pierre lui donne sa main que l'autre broie tout en lui intimant de répéter après lui : « *Achhadou al-lâ ilâha illa-llah* », soit : « Il n'y a de divinité que Dieu. » Pierre n'est pas contre cette première partie de la phrase et la répète avec un grand sourire. L'autre s'approche plus près sans lâcher sa main et, avec un regard encore plus dur, lui ordonne de répéter : « *Wa achhadou mouhammadan rasûlu Allah* », soit : « Et Mahomet est son prophète. » J'assiste à la scène, très mal à l'aise devant la pression qu'exerce le commerçant et je vois Pierre retirer sa main, non sans peine, de l'étau qui la broie et dire à son interlocuteur :

– Tu as cru m'avoir, mon ami. Mais s'il n'y a de Dieu que Dieu, pour moi je crois en Jésus venu nous sauver tous.

À cet instant, en intensité, la fureur qui se lit sur le visage du barbu égale le bonheur de Pierre de lui avoir résisté !

Pendant ce temps-là, Younès est dans ses petits souliers. À notre question de savoir pourquoi il a laissé faire le marchand, il répond avec un sourire gêné :

– C'était difficile pour moi d'intervenir.

Finalement, souvent, trop souvent, entre musulmans, le plus faible ou le plus doux se sent obligé de s'aligner sur le plus dur ou le plus menaçant. On apprendra alors que ce marchand est un imam salafiste très influent dans le village. Et que toute conversion de mécréant donne des points pour le salut éternel.

Cette mésaventure assez désagréable nous fait aussi réfléchir à la facilité qu'il y a à se convertir à l'islam : quelques secondes suffisent pour prononcer la profession de foi musulmane et faire inscrire son nom sur le registre de la mosquée voisine. En revanche, celui qui voudrait se convertir à la foi chrétienne devra attendre, pour être baptisé, au minimum deux longues années de catéchuménat et assimiler le contenu du *Credo* chrétien, autrement plus complexe que la *chahada*. De quoi en décourager beaucoup ?

Scouts toujours !

À la Toussaint, Pierre, épaulé par les nouveaux volontaires de l'année, était parti trois jours camper avec douze joyeux lurons. Le premier jour, il avait plu. Cela n'empêche pas de construire une table et des bancs en froissartage, ni de faire un grand jeu de nuit.

Le second jour, il pleut encore. Pierre propose aux garçons d'écourter le camp. Bronca pas possible :

– C'est nul, on est là pour trois jours, on ne veut pas rentrer en cité.

Troisième jour : il ne pleut plus. Veillée aux flambeaux devant une sorte de petit temple rustique, niché au fond des bois. Il est proposé à chaque garçon de s'exprimer. L'un d'eux, qui a été particulièrement grossier, coléreux et bagarreur, prend la parole et, d'une voix très émue, dit combien ce camp l'a marqué :

– Pendant trois jours, j'ai dormi sous la tente, j'ai mangé dans des assiettes pas très propres, je n'ai pas pris de douche tous les jours, j'ai fait la vaisselle. Tout cela m'a fait grandir. J'ai découvert la vie en groupe.

Il ajoute très humblement :

– Et je demande pardon à chacun pour mes gros mots et ma brutalité.

Un long silence accueille sa déclaration.

Ils renouvellent l'expérience au printemps. Cette fois neuf garçons sont de la partie. Il fait froid, il pleut. Le temps des terreurs causées par une fourmi ou, pire, un sanglier qui serait éventuellement passé par là, est loin. Par contre, côté discipline, du chemin reste à parcourir. Deux jours après leur arrivée, Akim refuse de se lever. Pierre le sort de la tente dans son duvet, il y retourne en beuglant comme un veau qu'on égorge. Les encadrants, à tour de rôle, essaient de lui faire entendre raison. Rien n'y fait. Finalement, le petit déjeuner est lancé. Sur ce, Akim sort royalement de sa tente et, tel le lion de la savane, se coule vers le groupe et pète un câble :

– Comment, vous ne m'avez pas attendu pour déjeuner ? Et vous appelez ça une vie d'équipe !

Son agressivité, contagieuse, marque le départ d'une rébellion généralisée :

– Ce camp est nul, la bouffe est pas bonne (c'est faux, Pierre et les volontaires les soignent aux petits oignons !), il pleut tout le temps (ça, c'est vrai !), les jeux sont pas intéressants (et pourtant, ils ont a mis le paquet !), j'veux rentrer chez moi, etc.

Aux grands maux comme aux grands mots, les grands remèdes. Ils en mettent quatre de force, et ils sont balèzes, dans une voiture et retour à la maison :

– La vie d'ma mère, tu rembourses l'argent… au nom d'Allah, Le Rocher j'y viens plus !

Résultat des courses : les cinq qui restent sont adorables jusqu'à la fin du camp ! Le dernier soir, de retour au Rocher, chacun est déposé chez lui pour un bon décrassage et rendez-vous au local pour un dernier repas en commun. Ils sont tous là : les cinq restants et les quatre renvoyés, neuf gamins réunis dans la joie, comme si de rien n'était !

Et après le printemps, l'été. Ils ne sont que dix : une fois encore, il y a eu beaucoup de désistements de dernière minute : « Le petit, il part au bled. » « Le petit, il a pas envie. » Néanmoins dix garçons joyeux embarquent dans des voitures pour Saint-Malo. Camp corsaire en perspective, finement concocté par Fix. Pierre est de l'épopée et c'est parti pour neuf jours sous la tente. C'est la finale de la coupe d'Europe entre la France et le Portugal. Saint-Malo est en effervescence et les bars à télé sont pris d'assaut. Antonio, portugais d'origine, prend fait et cause pour le Portugal. Il n'est ni moqué, ni chahuté : on va gagner et nos garçons en sont persuadés ! Mais, *in fine*, après la défaite de l'équipe de France, son exultation agace un tout petit peu... À la fin du camp, neuf garçons ravis remontent dans les voitures pour le retour à la maison. On en a raccompagné un en cours de route : in-sup-por-ta-ble ! Mais... vraiment désireux de venir au prochain camp. Va comprendre ?! Épuisés, très heureux, les encadrants constatent qu'à cinq, ils n'étaient pas de trop pour leur petite troupe.

Les garçons ont besoin d'une attention constante. Ils sont demandeurs de beaucoup d'écoute, ils nous cherchent, souvent en nous agaçant au-delà du raisonnable, et nous obligent à passer des heures à discuter avec eux de leurs bobos affectifs, moraux ou spirituels. À ce petit jeu, Joseph, notre jeune père qui donne une partie de ses vacances au Rocher pour les jeunes, est le meilleur. Il a une capacité immense à écouter, à ne pas juger, à consoler, à trouver les mots qu'il faut. Il rattrape le garçon qui plonge, il calme celui qui s'énerve, il rabiboche ceux qui se disputent. Il passe le plus clair de son temps en tête à tête avec chacun. Les garçons l'adorent. Pierre a l'impression qu'en peu de temps, les jeunes font le plein d'échanges et de discussions qu'ils n'ont pas toujours en famille. Quelle chance ont ceux qui vivent des temps de repas en famille, où l'on parle, échange, se dispute, se conseille, se fait la tête ! Ces moments n'existent pas toujours chez eux. De ces expériences de scoutisme réalisées dans chaque antenne est née l'idée de créer un scoutisme de cité adapté aux filles comme aux garçons : Les Aventuriers. Le Rocher met ainsi au point, petit à petit, un outil approprié aux réalités sociales et culturelles des enfants et des adolescents des cités. C'est basé sur la pédagogie séculaire du scoutisme : immersion dans la nature, sens du service, sens du concret, formation du caractère, spiritualité[1]. Et ça marche !

---

1. Il existe de très nombreux mouvements scouts de confessions diverses et certains totalement areligieux, ce qui ne les empêche d'ailleurs pas de respecter la dimension spirituelle qu'il y a dans chaque homme. En cité, la négation explicite de cette dimension ne peut être envisagée.

Ce n'est qu'un au revoir…

Notre dernière année aux Mureaux s'achève mais Pierre n'aura pas le temps de penser au départ qui suivra presque immédiatement son retour de Saint-Malo. Pour moi, c'est la gorge serrée que je me rends à mon dernier café des femmes dans cette cité que j'ai appris à aimer et où j'ai appris à aimer. Elles sont venues nombreuses pour mon dernier jeudi parmi elles, et je les vois se grouper avec des mines de conspiratrices pour m'apporter un énorme paquet. La joie de donner se lit sur leurs visages et je suis touchée, elles qui vivent de rien, de voir qu'elles se sont cotisées pour m'offrir un grand vide-poche tout scintillant de miroirs et de perles, digne des palais orientaux. Aujourd'hui encore, quand je le regarde qui trône dans mon salon, j'en ai la gorge serrée d'émotion.

Quitter les Mureaux est un crève-cœur mais toutes les manifestations d'amitié qui nous sont témoignées nous démontrent à l'envi que toutes les questions que nous nous sommes posées depuis trois ans étaient vaines : à quoi servons-nous ? Comment rendre l'Espérance à nos cités ? Pourquoi tant de situations compliquées ?…

Nous avons simplement osé la rencontre. Le reste, toute cette belle amitié, nous a été donné de surcroît. Et ça, c'est pour nous une belle raison d'espérer.

Saison 5

On joue les prolongations !

Rillieux-la-Pape, septembre 2017 – août 2018
Nîmes, septembre 2018 – août 2019

Vous touchez les invisibles du quartier.

UNE DÉLÉGUÉE DU PRÉFET

Nouvelle affectation : Rillieux-la-Pape

Au cours de notre troisième année aux Mureaux, le directeur du Rocher avait appelé Pierre pour l'informer que le projet d'ouverture d'une nouvelle antenne était dans les tuyaux. Sans y avoir vraiment réfléchi et avec un grand rire, Pierre lui avait alors proposé d'accompagner l'équipe au démarrage. De mon côté, j'avais une sorte de réticence à m'imaginer chez moi, revenue à une vie ordinaire après tant de moments formidables vécus en cité, de joies partagées et d'amitié créées.

Aussi, quand le directeur nous a confirmé l'ouverture à la rentrée de septembre de ladite antenne et nous a demandé si nous étions toujours partants pour aider le jeune couple qui en serait responsable, nous avons eu envie de dire oui, d'un commun accord. Nous avions tous deux le sentiment que nous n'étions pas encore prêts à retourner vivre à Aix et la destination qui nous était proposée nous rapprochait de quatre de nos enfants installés à Lyon ou à Grenoble. Avant de prendre une décision définitive, nous avons pourtant tenu à les consulter, mais aucun ne s'est insurgé contre l'idée de nous voir jouer les prolongations!

Quand Apollinaire s'invite en cité…

Donc, après nos vacances familiales, nous partons aider à la création d'une nouvelle antenne à Rillieux-la-Pape aux portes de Lyon. En arrivant cité des Allagniers, où nous allons loger, j'ai le cœur un peu serré: il fait gris et je découvre des barres de béton gris ponctuées de tours non moins grises, qui ressemblent tout à fait à la première image que je m'étais faite des cités. J'apprendrai que toutes ces constructions se sont faites dans l'urgence, dans les années 1960, à partir de modules identiques préfabriqués dans une usine installée pour l'occasion sur place. Le résultat, répétitif et assez stalinien, manque vraiment de charme.

Mais après ces premières réticences, nous découvrons avec surprise, une fois le porche passé, un immeuble bien tenu, gardienné, et où l'on n'entre pas sans un bip qui fonctionnera toute l'année! Et puis l'appartement est beaucoup mieux conçu que celui des Mureaux. La cuisine est assez spacieuse pour qu'on puisse y installer un coin repas, une arrière-cuisine fait office de lingerie, le séjour me semble un peu plus grand et une double exposition permet les courants d'air. Enfin, l'appartement a été en partie remis en état: les papiers peints ont été enlevés par le bailleur qui a fait passer un coup de peinture blanche sur tous les murs, à même le béton... Mais le béton des murs principaux, de mauvaise qualité, est ponctué de milliers de trous qui vont du millimètre au centimètre de diamètre et de profondeur! On dirait que les murs ont eu la petite vérole!

Le mois de septembre, pour nous comme pour le jeune couple que nous accompagnons, Fanny et Alban, est donc bien occupé par nos installations respectives dans nos appartements. Il faut non seulement assurer les finitions mais il faut aussi les meubler car eux comme nous sommes arrivés avec le minimum vital. Heureusement la providence fait bien les choses: nous hériterons d'un lit spacieux et d'une qualité supérieure à celle à laquelle nous étions accoutumés, et alors qu'ils rêvaient d'un intérieur « comme là-bas », on donnera aux Poisson un charmant salon marocain en fer forgé et, bonheur supplémentaire, lors d'une séance de présentation du Rocher à... Saint-Étienne, un ancien responsable d'antenne nous donne pour eux une belle et grande glace façon moucharabieh qui fera le principal ornement de leur salon.

Nous faisons aussi très vite la connaissance de voisins qui se mettent en quatre pour nous rendre service : l'un demande à son fils de nous aider à monter les meubles que l'on nous a donnés, l'autre nous prête une perceuse très performante avec tous ses accessoires et notre gardien, tunisien, sympathise tout de suite avec Pierre. Il est responsable de la tenue et du bon fonctionnement de tout un ensemble d'immeubles et sa faconde va ensoleiller chacune de nos journées car s'il garde de ses origines un fort accent, il émaille sa conversation d'expressions françaises légèrement détournées qui nous enchantent. Un jour, il me dit que pour aller à Tunis, j'ai juste à ouvrir une fenêtre orientée au sud et à « prendre direct mon vol d'oiseau ». Une autre fois, alors que Pierre avait déposé le sac-poubelle au mauvais endroit, il lui demande de ne plus le faire car les autres locataires risquent de l'imiter : « Ils sont tous des moutons qui viennent de Panurge. » Un jour, Pierre lui propose de lui offrir un café au bistrot du coin où il a ses habitudes. Il entre, salue tout le monde et commande deux cafés.

– Ça coule, dit le barman.

Et notre Fathi d'enchaîner d'une voix douce et, tout à coup, presque sans accent :

– « Sous le pont Mirabeau coule la Seine, Et nos amours, Faut-il qu'il m'en souvienne… »

Pierre s'étonne de l'entendre réciter avec aisance Apollinaire, lui qui a grandi dans le Sud tunisien… ce qui montre qu'après trois années passées dans le monde de l'immigration, nous sommes encore pleins de préjugés !

Cela me rappelle une rencontre faite au local du Rocher des Mureaux. J'y vois un soir débarquer deux grands Camerounais d'environ 25 ans qui demandent de l'aide pour monter une association. Nous commençons ensemble à en élaborer les statuts quand je leur demande quel nom ils comptent lui donner. De concert, ils me répondent :

– Carmen !

Comme je m'étonne de ce choix, ils rétorquent avec une certaine hauteur :

– Mais enfin, nous habitons comme vous cité des musiciens… allée Georges-Bizet !

Je suis dans mes petits souliers !

Cet étonnant mélange que nous avons connu d'adultes analphabètes et de gens cultivés témoigne de la diversité et de la richesse humaine du monde des cités. C'est ainsi que peu après notre arrivée, j'ai trouvé dans la « boîte à livres » gratuite de notre quartier, à côté de romans de gare, un nouveau testament… en grec ancien ! Au même moment, Cynthia, une nouvelle amie de l'immeuble voisin, m'a raconté que son papa congolais enrageait d'avoir échoué en demi-finale aux dictées acrobatiques de Bernard Pivot ! Cette anecdote, s'il avait été encore de ce monde, aurait réjoui mon père, polytechnicien : il se délectait, à la fin de sa vie, d'aller assister aux séances de l'Unesco quand les orateurs venaient d'Afrique noire.

– Eux seuls, me disait-il, savent encore manier la langue française !

Attentat de Marseille

Comme la paroisse doit mettre à notre disposition des locaux, nous allons, le 1er novembre, à la journée de rentrée de la paroisse et nous en profitons pour multiplier les rencontres. L'ambiance est festive, joyeuse, amicale. Mais, soudain, tout bascule : nous apprenons que deux jeunes filles viennent de se faire poignarder mortellement à Marseille, gare Saint-Charles, au cri de « *Allahu akbar* – Dieu est le plus grand ». L'une d'elles est de Rillieux-la-Pape. Immédiatement l'image du commissaire de police lardé de coups de couteau avec sa compagne refait surface. Nous nous disons que les cités où nous passons paient un lourd tribut au terrorisme islamiste. Deux jours après l'attentat, un rassemblement de solidarité avec les familles des victimes est organisé devant la mairie. Plusieurs dizaines de scouts et de guides de France sont là, accompagnés par des centaines d'habitants. Beaucoup pleurent. Après le discours du maire et la minute de silence, ils font une chaîne et chantent la prière scoute : Laura, 21 ans, l'une des deux victimes, était des leurs, comme cheftaine de louveteaux. Il leur faut aujourd'hui beaucoup de générosité pour arriver à pardonner.

Dans cette ville où nous entamons notre quatrième année en cité, le dialogue interreligieux est quasi inexistant. Et dans la foule, il y a peu, beaucoup trop peu de musulmans. Nous allons vers trois femmes voilées pour les remercier d'avoir le courage d'être là. Elles pleurent. Nous repensons aux moments de mémoire célébrés après *Charlie*, après le Bataclan, après l'assassinat des deux policiers, après celui du père Hamel…

Aux Mureaux, après chacun de ces événements, la communauté musulmane était présente et exprimait chaque fois plus clairement sa désapprobation. Le fruit d'un patient travail de dialogue interreligieux était là, visible, palpable, lui-même résultat de la volonté inébranlable du curé des Mureaux à le développer depuis dix ans.

Comment vivre ensemble dans le respect et sans violence ? Nous avons constaté au cours de nos rencontres que beaucoup de musulmans le désirent et en reviennent inlassablement à la religion :

– Il faut respecter la religion et il faut s'instruire sur la religion.

Quand nous leur disons que le fait religieux est enseigné à l'école, ils objectent que c'est trop superficiel et peut-être pas adapté à l'âge des enfants. Nous aimons alors les titiller un peu en leur demandant :

– C'est mieux les écoles coraniques ?

Ils sont mal à l'aise et n'osent pas dire non. Dans ces écoles, on enseigne le Coran en arabe et par cœur. On le commente aussi et on en tire des règles de vie qui semblent peu compatibles avec notre façon de vivre : en 2014, nous avons vu aux Mureaux les enfants y aller habillés normalement. Année après année, nous les avons vus de plus en plus nombreux, en *qamis* pour les petits garçons, voilées pour les petites filles. La mosquée de la ville prodigue ainsi son enseignement à sept cents enfants, nous a dit l'imam. Une ou deux séances par semaine voire davantage pour certains, sans qu'on sache très bien ce qui s'y dit. Et il faudrait ajouter aux mosquées les nombreuses écoles coraniques plus ou moins clandestines. Aux Mureaux, l'une d'elles était installée au rez-de-chaussée de l'immeuble où habitaient les garçons volontaires du Rocher. Ils voyaient y défiler de très nombreux enfants à la sortie de l'école. Un jour, ils en ont parlé incidemment devant le délégué du préfet, qui assure une permanence hebdomadaire dans le quartier. Il tombait des nues… et nous, nous tombions des nues qu'il tombe des nues !

Plus d'une fois, nous avons été frappés de constater que certains personnels politiques méconnaissent la réalité du monde des cités. Nous avons ainsi accueilli un jour une charmante sous-préfète avec un groupe de jeunes pour une discussion à bâtons rompus. Issue elle-même d'une famille d'immigrés du Maghreb, elle explique en quoi consiste le rôle de la « préfectorale » et comment elle a orienté son début de carrière vers ce métier. Visiblement elle plaît. Las ! Elle a le tort, à un moment, de demander aux jeunes ce qu'ils pensent des valeurs de la République. Un grand silence lui répond jusqu'à ce qu'une jeune fille prenne son courage à deux mains pour lui dire :

– C'est du blabla tout ça, madame !

– Comment, s'offusque notre jeune énarque, mais que faites-vous, par exemple (là, elle commence à s'enfoncer), de l'égalité entre les hommes et les femmes ?

Et elle se lance dans un plaidoyer passionné. Jusqu'au moment où la même jeune fille courageuse l'interrompt :

– C'est bien ce que je vous disais, c'est du blabla. Venez en cité et vous verrez si cette égalité existe.

Des serviteurs de l'État comme on les aime…

A contrario, nous avons aussi rencontré un préfet, un grand monsieur, qui nous consacre deux heures passionnantes, nous écoute vraiment et pose de belles questions pour mieux comprendre la cité. Il ne cherche jamais à nous faire croire qu'il sait tout ou que ce qu'on lui raconte est déjà connu de ses services. Il n'est pas, en outre, dénué d'humour. À un moment Valmond, passionné et gourmand de métaphores, lui explique, enthousiaste, ce que nous faisons au Rocher avec les habitants :

– Vous voyez, monsieur le préfet, ici on met la joie, ici on met l'amour… Ici on met le feu !

Il lui répond :

– Pas trop, je vous en prie, ça brûle assez souvent comme ça.

Grand éclat de rire général. Comment ne pas évoquer également ce préfet de région qui, après avoir compris ce qu'est Le Rocher, s'est investi fortement pour relayer autour de lui, dans le monde institutionnel et politique, non seulement les activités de l'association mais également son esprit ?

Il y a aussi des élus admirables. Une rencontre a marqué Pierre : pendant l'accompagnement quotidien à la scolarité, il est assis à côté de Samba à qui il essaie avec quelques difficultés de faire comprendre Pythagore. Derrière lui un homme en jogging avec une casquette les observe depuis plusieurs minutes. Pierre, qui se demande ce que fait là cet inconnu, finit par se retourner pour lui dire qu'il dérange. Surprise, c'est monsieur le maire. Il se confond en excuses en expliquant qu'il aime bien voir sur le terrain, incognito, le travail des associations. Son implication nous a tous impressionnés !

De mon côté, j'ai été touchée par la rencontre d'une adjointe au maire. Parmi d'autres missions, elle avait en charge l'insertion. Entre sa responsabilité de présidente de la mission locale, ses réunions avec les associations, ses permanences, ses rencontres formelles ou informelles, je me demande comment elle réussissait aussi à mener sa vie d'épouse et de mère. Ce jour-là, je l'entretiens à propos d'un jeune que nous suivons, ou, pour être plus près de la vérité, que nous essayons de suivre, et qu'elle connaît. Elle me raconte alors tout ce qu'elle a fait pour lui depuis qu'elle l'a connu avant sa déscolarisation à 14 ans. Je suis stupéfaite du soin qu'elle a pris à l'accompagner, du nombre d'heures qu'elle y a consacrées, des solutions qu'elle a essayé de mettre en œuvre. Et ce, pour un résultat décevant.

– Vous savez, me dit-elle, si je ne m'investis pas pour ces jeunes, quelle crédibilité aurai-je ? Et puis, je me dis qu'ils sont comme mes enfants. Puisque leurs parents les délaissent, moi j'ai à cœur de prendre le relais. Mais malheureusement, je n'ai pas le temps de m'occuper de tous ceux qui le nécessitent.

Nous sommes admiratifs devant tant de dévouement !

Le combat du porte-à-porte

Mais à Rillieux-la-Pape, pour l'instant, tout est à inventer. Nous partons donc en porte-à-porte nous présenter à nos voisins, en élargissant de plus en plus le cercle de nos visites. Nous découvrons assez vite que dans notre immeuble ainsi que dans les cages d'escalier voisines, la majorité des habitants, venus du Sud tunisien, ont des liens de parenté. C'est ainsi qu'au premier étage habitent des cousins de notre gardien et au deuxième, son beau-frère. Mais nous avons aussi comme voisins des familles algériennes ainsi qu'une famille comorienne. Quelque temps après notre arrivée, nous proposons à tout l'immeuble de venir goûter chez nous un samedi après-midi et nous sommes surpris de voir défiler presque tous les habitants de notre cage d'escalier, dont aucun n'arrive les mains vides. L'ambiance est joyeuse, les enfants jouent gentiment dans les chambres avec les jouets récupérés à la ressourcerie locale en vue du passage de nos petits-enfants et les échanges se poursuivent jusque tard dans la soirée. Ce qui m'a le plus fait plaisir, c'est de retrouver les chambres parfaitement rangées après le départ des derniers enfants, alors qu'aucun adulte n'y avait mis les pieds. Là encore, il y a loin de l'image que l'on se fait d'enfants des cités livrés à eux-mêmes à la réalité qui montre beaucoup de familles soucieuses de donner à leur progéniture une bonne éducation.

Ce porte-à-porte que l'on voudrait au moins hebdomadaire reste chaque fois un vrai combat : cela ne m'est toujours pas naturel d'aller ainsi frapper aux portes mais les belles rencontres que nous y faisons nous comblent chaque fois. Un jour, c'est un couple arménien d'une soixantaine d'années qui nous ouvre. Ils nous font entrer et improvisent pour nous un goûter pantagruélique. L'épouse nous raconte comment elle est arrivée en France vingt ans plus tôt avec sa fille de 18 ans ; elles avaient utilisé toutes leurs économies pour acheter leurs billets d'avion, un aller simple sans retour, imaginant sans doute trouver du travail dès leur arrivée. Mais en situation irrégulière, démunies, elles ont dû passer neuf mois dans la rue, avec les vêtements légers qu'elles portaient à leur arrivée en été. La communauté arménienne les a aidées en leur apportant des colis alimentaires et des couvertures, ainsi que l'église catholique qui ouvrait les soirs d'hiver où il faisait trop froid les portes de certains de ses locaux. À force de ténacité, elles ont réussi à s'en sortir. La fille s'est mariée à un Français et la mère, qui maîtrise maintenant remarquablement le français, a réussi à décrocher une formation, à trouver un emploi… et un mari arménien qu'elle a rencontré en France. Elle a aussi demandé et obtenu la nationalité française, ce dont elle se montre très fière. Quel parcours ! En voyant cette belle femme rayonnante dans son appartement parfaitement tenu, j'ai le cœur serré de penser à ce qu'elle a vécu. Pourtant aucune aigreur chez elle mais au contraire une immense reconnaissance à l'égard de la France.

Une autre fois, c'est une Algérienne de mon âge qui nous offre un café. Elle aussi nous raconte son arrivée en France : fille d'un officier algérien de l'armée française, toute sa famille a été rapatriée en urgence en France au moment de la guerre d'Algérie et elle aussi se montre reconnaissante envers la France de les avoir accueillis et accompagnés dans ces moments difficiles où, considérés par certains compatriotes comme des traîtres, ils risquaient tous d'y passer s'ils restaient au pays. Elle se montre particulièrement fière d'avoir un fils médaillé olympique et nous confie sa satisfaction que tous ses enfants soient mariés à des Français.

L'épouse de notre responsable d'antenne, Fanny, se lie aussi peu à peu aux femmes du quartier avec qui elle fait connaissance à la sortie de l'école publique où sa fille a été scolarisée. Grâce à ces contacts, le café des femmes qu'elle va lancer dans des locaux municipaux aura d'emblée un franc succès.

Belphégor à la montagne

Quelques mois auront suffi pour que notre réseau soit suffisamment étoffé et qu'en février, nous proposions à deux couples un week-end à la montagne. Avec Alban et Fanny, nous partons donc en week-end avec deux familles de la cité, chez un couple d'amis, Christiane et Claude, qui voient débarquer chez eux avec un peu d'appréhension huit adultes et dix très jeunes enfants. Or non seulement ils nous prêtent leur chalet mais en plus ils tiennent à être présents pour nous accueillir et ils seront aux petits soins pour chacun de nous. Pour Claude, le maître de maison, ce n'était pourtant pas évident : son père a été assassiné en Algérie par le FLN et, même s'il n'en parle pas, le temps n'a pas effacé la douleur et l'incompréhension. Il a accepté néanmoins d'ouvrir sa porte. Le séjour se passe très bien et chacun découvre l'autre avec bienveillance. Pour le soir de notre arrivée, nous avions failli renoncer à la raclette qui nous semblait bien convenir au cadre et à la saison car se posait le choix de la charcuterie : pas question d'imposer du cochon à nos amis de la cité, ils auraient refusé d'en manger. Mais aussi, pas question de nous priver de cochon ! Nous avons finalement opté pour deux plats de charcuterie différents et nous avons passé autour de la raclette une soirée très conviviale sans que cela pose de problème.

Le lendemain, initiation au ski pour certains et parties de luge endiablées pour d'autres. L'une des jeunes femmes, Djamila, n'hésite pas à skier dans une tenue peu adaptée puisque sa robe habituelle, qui ne laisse voir que son visage et ses mains, lui descend jusqu'aux chevilles et masque son pantalon de ski ! Elle s'empêtre dedans à chaque chute dans de grands éclats de rire et Pierre la taquine en la surnommant Belphégor, ce qui ajoute à son hilarité ! Le dimanche matin, Pierre surprend notre hôte en grande conversation avec Djamila, lui expliquant schématiquement que, pour lui, il y a deux sortes de colonisations : la bonne, quand les Français sont allés au Maghreb, et la mauvaise, quand les Maghrébins viennent en France ! Il parle beaucoup et Djamila essaie de s'exprimer mais n'a pas la possibilité d'en placer une. Pierre interrompt diplomatiquement la discussion et lève la séance. En aparté, il dit à Claude que ce type de discussion risque de tout ficher en l'air. Mais deux jours après le retour, je rencontre Djamila. Elle me demande des nouvelles des amis qui nous ont reçus.

– Comme je les aime, me dit-elle alors, vraiment, on a passé de merveilleux moments avec eux, ils sont trop gentils. Sauf que lui, il parle, il parle et je n'ai pas pu dire mon point de vue. Pourtant je n'étais pas d'accord et j'avais des choses à dire.

Chère Djamila. Elle n'a retenu que l'exceptionnelle gentillesse de nos hôtes, leur accueil, leurs attentions, leur sourire, le cadeau de départ, un fromage de montagne que Claude était allé chercher tout spécialement. Elle s'est sentie acceptée comme elle était, avec sa tenue inadaptée aux circonstances mais qu'elle ne quitterait pour rien au monde! Nous apprendrons ensuite qu'après cette première expérience, Christiane et Claude, de leur propre initiative, ont renouvelé plusieurs fois l'accueil de familles musulmanes des cités chez eux. Ce qui leur paraissait impossible, ils l'ont fait: ils ont osé la rencontre et, en ouvrant leur porte, ils ont ouvert leur cœur.

À quelque temps de là, nous recevons l'appel d'autres bons amis qui habitent la presqu'île de Lyon. Ils ont le cœur sur la main et s'intéressent à notre mission mais, malgré nos propositions, ils répugnent manifestement à venir nous voir. Finalement, à force d'insistance, une date est fixée et on leur suggère de venir déjeuner puis de faire un tour de rue. La veille du grand jour, coup de fil embarrassé:

– Pour demain, je prends ma voiture ou celle de ma femme? Parce que ma BM est toute neuve et la voiture de ma femme est très vieille… Alors si on doit se faire brûler la voiture, autant que ce soit la sienne.

Nous les rassurons : de belles, voire de très belles bagnoles, il y en a en cité et ce n'est pas celles-là que nous avons vu brûler ! Ils viennent finalement en BMW, et avec eux nous rencontrons quelques voisins. Le soir, ils repartent au volant de leur voiture, sans aucune égratignure, et nous lisons du changement dans leur regard : jusqu'alors, ils voyaient le monde de l'immigration comme un bloc identitaire dangereux et ils ont découvert « des hommes et des femmes attachants, avec chacun et chacune leur histoire ». Leur journée les a tellement marqués que, quelques mois plus tard, ils nous invitent à retrouver chez eux un de leurs amis, ancien responsable politique très écouté. Nous pouvons témoigner de la joie que nous avons à vivre pour la quatrième année dans un monde dont nous ne nous lassons pas de découvrir toutes les richesses humaines.

Vivre avec…

Avec Alban, notre responsable d'antenne, nous longeons le centre social. Du coup, nous passons saluer le directeur pour faire sa connaissance. Il est arrivé récemment dans le quartier. Nous lui expliquons ce que nous faisons : tournée de rue, porte-à-porte, rencontres. Nous lui précisons que lorsqu'une antenne du Rocher est créée, la première année en cité est un temps de prise de contact. Nous faisons connaissance avec les habitants, nous cartographions le quartier, nous observons ce qui s'y fait, nous détectons les besoins. C'est seulement ensuite que nous agissons avec les habitants préalablement mis en confiance et devenus petit à petit des amis. Nous allons à leur rencontre avant toute action. Il nous dit que c'est la bonne méthode. La plupart de ses collègues sont dans leurs bureaux, proposent des activités, décidées localement au cours de réunions, suscitées par les grandes orientations de la politique de la ville, les diagnostics et les enquêtes et les proposent à des populations qu'ils ne connaissent pas très bien. Il nous donne un exemple : il y a quelque temps, un groupe de jeunes vient les voir. Ils veulent faire quelque chose mais ils ne savent pas quoi. Comme cela rentre dans un des objectifs du projet social de la ville, son centre organise une réunion. Les jeunes viennent, il y a le délégué du préfet, le représentant de la mairie, les éducateurs. Les idées fusent, les échanges sont sympas, le projet se précise. Et... les jeunes ne reviennent plus. Comme ils n'avaient pas eu le temps de lier une relation de confiance et qu'ils se méfient de tout ce qui est institutionnel, ils n'iront pas au bout du projet.

En fait, on s'aperçoit qu'il y a deux approches complémentaires : organiser des activités « de haut en bas » gratuites ou très bon marché pour le bénéficiaire. Cela marche parfois, ou pas. Ou travailler « de bas en haut » en vivant au cœur du quartier 24 heures sur 24, en prenant le temps de connaître les habitants et de tisser avec eux des liens d'amitié pour réaliser ensemble des actions qui nous rapprochent davantage.

Une déléguée du préfet a eu cette belle formule pour définir ce que nous sommes : « Vous touchez les invisibles du quartier », ceux qui n'arrivent pas à sortir de leur isolement ou du cercle de leur communauté, ceux qui ne vont pas dans les centres sociaux, ceux qui ont peur de tout ce qui est extérieur ou institutionnel.

Diagnostic de terrain

Pour chacune des cités où Le Rocher est implanté, l'équipe en place réalise un diagnostic. Ce travail consiste à collecter des informations statistiques et factuelles puis à les confronter, sur le terrain, aux réalités que les habitants nous montrent lors de nos rencontres, de notre porte-à-porte, de nos cafés ou tournées de rue. L'objectif est de répertorier systématiquement tous les aspects du quartier, d'en lister les équipements, les associations et les activités. Partant de ce « point 0 », les équipes ont alors plus de facilité à adapter leurs activités d'accompagnement aux besoins réels, en bonne complémentarité avec ce qui existe déjà. Une chose nous marque, c'est l'écart qu'il peut y avoir entre les statistiques existantes et nos observations sur le terrain. Par exemple, d'après l'Insee, au quartier du Chemin-Bas-d'Avignon, à Nîmes où nous achèverons notre mission, le pourcentage annoncé d'étrangers[1] est de 20,6 %. Or sur le terrain, nous rencontrerons au cœur même de ce

1. Source Insee, recensement de la population 2010, estimations démographiques 2010.

quartier prioritaire une très forte proportion d'hommes et de femmes qui ne savent pas ou peu parler le français et qui disent ne pas avoir demandé la nationalité française. On y entend tous les dialectes africains, ultramarins et autres. Il est vrai que les chiffres donnés par l'Insee sont des « estimations ».

À Rillieux comme ailleurs, nous rencontrons aussi beaucoup de femmes qui élèvent seules leurs enfants. Situations classiques, veuvage ou divorce ? Situations adaptées conjoncturellement, polygamie, optimisation des allocations, départ du mari au bled ? Mystère… Si la société française ne sait pas intégrer les populations immigrées, celles-ci savent, elles, jouer avec ses règles tout en conservant leur propre fonctionnement.

À Rillieux, nous avons entendu peu de critiques sur les services publics et les facilités quotidiennes. Il y a à peu près tout dans un environnement proche : poste, banques, bureau de tabac, boulangeries, supérette, pharmacies, médecins, crèches, écoles et commerces, dessertes de bus (sauf parfois, tard le soir). En revanche, nous y avons constaté des insatisfactions communes à toutes les cités concernant la taille des logements : cinq enfants et leurs parents dans soixante mètres carrés, avec trois chambres de taille modeste, c'est rendre quasi impossible le travail scolaire qui demande du calme. Élever deux enfants adolescents de sexe différent quand on n'a que deux chambres, ce n'est pas facile non plus. Alors on laisse une chambre au grand garçon, la maman dort dans l'autre avec sa fille collégienne et le papa sur le canapé du petit séjour. Ce qui revient sans cesse, c'est : « Cela fait des années qu'on demande un logement plus grand. On renouvelle le dossier chaque année et l'on n'a plus aucune proposition, parce qu'on a refusé une fois un logement inadapté. » Nos voisins tunisiens par exemple nous racontent qu'on leur a proposé un appartement à un étage élevé qu'ils ont refusé, certificat médical à l'appui, parce que la maman a de gros problèmes de dos. Le Rocher plaide leur cause auprès du bailleur social qui nous apprend que ce n'est pas une mais trois propositions qu'ils ont refusées pour des motifs divers. Du coup un autre voisin qui désespère, lui aussi, d'être relogé après avoir, lui aussi, refusé un certain nombre d'offres, a beau jeu d'affirmer :

– Avant, la France, c'était comme le Maroc. Tu avais un besoin, tu donnais du flouze et ça marchait. Avec trois cents euros, tu avais ton appartement. Maintenant, même si tu donnes du flouze tu n'as rien !

Vrai, pas vrai ? Nous n'avons eu aucun moyen de vérifier ses dires !

Autre sujet d'insatisfaction : le fait que certains vivent seuls dans des T3, T4 ou T5 quand d'autres s'entassent dans des logements trop petits. C'est relativement fréquent en effet de voir une personne restée seule après son divorce ou son veuvage, ou l'abandon de son mari reparti au bled, garder le grand appartement où toute la famille a vécu, alors que tous les enfants ont quitté le nid depuis longtemps. Insatisfaction encore, parce que nombreux sont les logements vides et inoccupés. Sont-ils insalubres ? Ont-ils besoin d'une mise aux normes ? Les bailleurs nous disent qu'ils sont en réaffectation ou qu'ils sont systématiquement refusés. Le parc de logements sociaux est sous-utilisé en France. Nous aimerions savoir combien de dizaines de milliers d'appartements restent inoccupés dans les logements sociaux car nous avons pu constater qu'il y en a beaucoup.

Mais la principale raison pour laquelle beaucoup de familles désirent quitter le quartier où elles ont été logées, c'est la crainte des mauvaises fréquentations qui pourraient influencer leurs enfants, et surtout des trafiquants de drogue qui pourraient les harponner. Un jeune père de famille s'est un jour énervé devant nous :

– La seule solution contre le trafic, c'est de boucler mes gosses dans l'appartement. Vous croyez que c'est normal, ça ?

Beaucoup aussi se plaignent du niveau médiocre des écoles et des collèges et des incivilités qui s'y multiplient. Un vieil Algérien et sa femme se sont un jour indignés devant nous :

– Ça n'est pas normal toutes ces incivilités à la sortie du collège. Entre eux les gosses se traitent d'« enc... », de « salope ». Je suis en France depuis plus de cinquante ans, c'est de pire en pire. Et ce qui me fait le plus mal, c'est qu'il s'agit d'enfants d'origine maghrébine. J'ai honte pour mon pays d'origine et mal pour la France qui laisse faire.

Les familles les plus soucieuses de l'éducation des enfants mettent ou voudraient mettre leurs enfants dans l'enseignement privé pour que leurs enfants soient « plus mélangés » :

– J'ai été élevée en Corse, à Saint-Florent, avec des Français, me disait une jeune maman de trois enfants, voilée. Ici on n'est qu'entre nous. Ce n'est pas ce que je souhaite pour mes enfants.

L'entre-soi entretient la méfiance à l'égard des autres et favorise l'isolement : « Moi je sors le moins possible, sinon on est surveillé, critiqué, ça jase... » ; « Moins on a de contact avec les voisins, mieux on se porte ! » ; « Ici, je viens pour dormir mais ma vie est ailleurs. » Combien avons-nous observé d'appartements aux volets fermés et à la lumière électrique en permanence allumée ? Combien de balcons obturés par des canisses ou des tentures ? Combien de femmes qui ne quittent jamais leur appartement ? Il faut dire qu'on a, dans le monde musulman, très peur du regard des autres et un souci constant, par pudeur ou par peur, de s'en protéger.

Rencontre de soufis

Nous dînons un soir de printemps chez nos responsables d'antenne qui ont invité le gardien de leur immeuble, sa femme et un de leurs amis qui nous parle avec beaucoup de passion de leur maître, le cheick Mohamed-Laïd Lakhdari, qui les a initiés au soufisme[1]. Il est passionnant et l'on comprend

1. « Prenant sa source dans le Coran et dans la Tradition prophétique, le soufisme est une science "gustative", une discipline qui permet à l'âme humaine de travailler sur son ego. Le soufi puise dans l'influx spirituel du Prophète, transmis depuis des siècles de maître à disciple, afin de dépasser les passions et les illusions qui l'assaillent. Le soufi ne rejette pas le monde : il "l'épouse" pour mieux le transcender ! "Les êtres n'ont pas été créés pour que tu les voies, mais pour que tu voies leur Seigneur en eux", écrit Ibn 'Atā' Allāh (m. 1309). Le Coran incite l'homme à décrypter les "signes" (*al-āyāt*), à contempler Dieu dans Sa manifestation, dans la beauté du monde : "Nous leur montrerons Nos signes dans l'univers et en eux-mêmes jusqu'à ce qu'ils voient

mieux en quoi l'islam n'est pas monolithique, que la prise en main de La Mecque par les tribus wahhabites d'Arabie Saoudite a certainement eu une grande influence dans l'orientation rigide de la religion musulmane sunnite et que tous les musulmans ne se reconnaissent pas dans cette rigidité. Ce qui nous impressionne, c'est la cohérence de la façon d'être et d'agir de nos trois hôtes soufis. Frappés par la charité mise en œuvre par des associations chrétiennes comme Emmaüs ou le Secours catholique qui œuvrent pour les plus démunis sans distinction d'origine ni de religion, ils ont voulu se mettre à leur école et ont fondé une association qui prépare des soupes et des couscous qu'ils distribuent, avec de nombreux bénévoles, aux pauvres des quartiers, quels qu'ils soient. Tout dans leur langage et leurs préoccupations nous rapproche. Ils ont un grand amour de leurs frères humains, une grande ouverture d'esprit et l'on ne sent chez eux aucune agressivité pour qui ne penserait pas comme eux.

Avant la cité, l'islam, c'était pour nous une machine de guerre. Avant la cité, nous n'aurions jamais pensé que l'étude de l'islam, commencée en Tunisie avec la lecture du Coran, poursuivie en France avec un groupe d'amis, nous conduirait à le voir de très près. Avant la cité, nous n'aurions jamais pensé rencontrer des musulmans ouverts au dialogue interreligieux, des associations musulmanes distribuant des soupes à tous les pauvres sans distinction de religion, des familles ouvertes

---

que [Dieu] est le Réel" (Coran 41, 53) » (http://www.fondationconsciencesoufie.com/le-soufisme/).

sincèrement à d'autres cultures. Avant la cité, nous n'aurions jamais pensé qu'il y a plusieurs islams, entre celui des jihadistes en forme de combat à mort contre les autres qui, parce que non musulmans, personnifient le mal, et l'islam des vrais chercheurs de Dieu, pour qui le *jihad* est un combat spirituel personnel contre le mal qui est en eux. Avant la cité, nous n'aurions jamais imaginé l'importance du dialogue interreligieux comme roc et fondement pour vivre ensemble. Avant la cité, nous n'aurions jamais envisagé que notre présence nous conduirait à tenter de bâtir la civilisation de l'amour en nouant, comme ce soir, de solides amitiés avec nos frères musulmans.

Alors, quitter la cité maintenant n'aurait toujours pas pour nous beaucoup de sens…

À Nîmes, Chemin-Bas-d'Avignon

Et c'est ainsi qu'en septembre 2018, nous nous retrouvons à Nîmes ! Au cours de l'année précédente, la question de l'après-Rocher s'était à nouveau posée et nous ne nous sentions toujours pas prêts à reprendre notre vie d'avant. Rester à Lyon n'avait pas de sens, les Poisson « nageant de leurs propres nageoires », épaulés par des volontaires en service civique et quelques bénévoles déjà bien impliqués. Aussi, quand le président du Rocher nous annonce que tous les clignotants sont au vert pour ouvrir une nouvelle antenne à Nîmes et nous demande si nous serions d'accord pour accompagner le jeune couple qui en prendra la responsabilité, je reçois cette demande comme un vrai cadeau, notamment parce que cette nouvelle antenne nous fera retrouver la lumière et le soleil du Sud qui nous ont tant manqué et nous rapprochera de nos bases aixoise et ardéchoise. Pierre est plus réservé, mais ce que femme veut…

Du coup, quelques mois plus tard, nouveau déménagement cette fois dans le quartier du Chemin-Bas-d'Avignon. Extérieurement les immeubles crépis d'ocre ou de rose sont nettement plus avenants que ceux de Rillieux mais les appartements, beaucoup plus exigus. Et ça manque d'espaces verts! Ici la politique de la ville commence tout juste à débloquer des fonds pour améliorer le quartier et nous serons amenés à participer à plusieurs réunions de concertation pour définir les espaces verts à aménager et les projets à privilégier. Mais en fait de concertation, nous constaterons, une fois de plus, que les habitants ne viennent pas à ces réunions, à l'exception de quelques-uns. Manque de communication? Comment les impliquer davantage? C'est l'un des soucis que nous porterons. Dès le lendemain de notre arrivée, nous trouvons devant notre porte un gros sac de pommes. Nous n'identifierons que plus tard sa provenance: une voisine de l'immeuble soucieuse de nous souhaiter ainsi la bienvenue. Nous sommes touchés par cette attention et prenons nos marques facilement.

C'est une joie pour nous d'agir en tandem avec Bruno et Anaïs venus s'installer au Chemin-Bas avec leurs enfants pour piloter l'ouverture de l'antenne. Ils ont déjà l'expérience de la cité et du Rocher, ayant vécu six mois en immersion dans une autre antenne, et sont désireux d'aller avec nous sans attendre à la découverte du quartier et de ses habitants. Aussi lanceront-ils très vite, en plus du porte-à-porte, des cafés de rue au marché, des tours de rues en fin de journée et un café hebdomadaire des femmes, qui auront un franc succès.

Il suffit de frapper

Chaque lundi, nous frappons donc aux portes pour nous présenter comme nouveaux habitants du quartier. Nous faisons ainsi d'abord la connaissance de nos voisins d'immeuble que nous inviterons à un goûter comme à Rillieux, puis nous sonnons aux portes des immeubles voisins et par étapes, nous élargissons le cercle. À Nîmes c'est plus facile qu'à Rillieux : les entrées des immeubles sont ouvertes à tout vent et il n'y a même pas de sonnettes aux portes des appartements : il suffit de frapper ! Chaque fois, ce sont des conversations informelles sur le pas de la porte et très vite nous constatons qu'à chaque fois nous sommes invités par une famille à prendre un café. Cela devient même un jeu : on ne s'arrêtera pas tant qu'on n'aura pas eu ce moment de vrai partage ! Que de rencontres insolites nous avons ainsi faites.

Une fois, c'est l'une de nos voisines musulmane qui nous invite à aller avec elle au pèlerinage à Notre-Dame-de-Santa-Cruz, réplique du sanctuaire de Notre-Dame d'Oran installée sur les hauteurs du quartier voisin par un rapatrié d'Algérie dans les années 1960. Bien que musulmane, elle nous dit avoir suivi la procession depuis qu'elle est toute petite et que c'était l'occasion d'une belle fête où se mélangeaient chrétiens et musulmans jusqu'à ce que les pouvoirs publics l'interdisent et limitent la cérémonie au sanctuaire lui-même pour des raisons de sécurité.

Une autre fois, c'est une fille de harkis qui nous ouvre chaleureusement son appartement. Elle a tenu à donner des prénoms français à ses enfants et n'est pas du tout à l'aise dans le quartier qu'elle aimerait quitter. Elle ne viendra jamais au café des femmes, très sceptique sur le « brassage » que nous y vivons entre femmes de toutes origines et religions. Une autre fois, c'est une Comorienne qui semble élever seule quatre garçons avec qui nous sympathiserons. Elle est très fière que les deux aînés soient dans l'armée.

Nous rencontrerons aussi des Gitans sédentarisés, et une charmante jeune femme blonde aux yeux bleus magnifiques qui parle un français presque parfait bien qu'elle soit arrivée dans notre pays depuis moins d'un an sans connaître notre langue. Nous apprenons qu'elle est venue d'Arménie avec son mari, qui suit des cours d'informatique dans une ville voisine, et qu'elle était professeur d'anglais. Comme elle n'a pas encore « les papiers », elle ne peut pas légalement enseigner mais – paradoxe –, malgré leur situation irrégulière, ils occupent très légalement un appartement analogue au nôtre, très bien tenu, avec leurs deux ou trois enfants. Comment ce jeune couple en situation irrégulière a-t-il pu obtenir un logement social ? C'est un mystère, mais ils nous charment par leur reconnaissance car elle ne cesse de nous chanter les louanges de la France même si, de son propre aveu, elle a été très surprise de se retrouver en terre d'islam :

– Je n'ai rien contre mes voisins musulmans, nous dit-elle, mais je voudrais changer de quartier pour mes enfants : les écarts culturels sont vraiment trop grands et ce n'est pas dans ce monde-là, trop éloigné du mien, que je voudrais les faire grandir.

Nous avons essayé de l'inviter au café des femmes en insistant sur la diversité des âges, des religions et des cultures des participantes mais elle non plus n'est jamais venue… Néanmoins, que cette diversité des rencontres ne fasse pas illusion : dans le quartier où nous habitons, la majorité des habitants sont originaires du Maghreb, avec une forte proportion d'Algériens et de Marocains, les Tunisiens y semblant minoritaires.

Nouvelles agressions

Pendant l'été, la liste des attentats s'est encore allongée. Le 28 juillet 2018 à Trèbes, un jeune fou a voulu tuer au nom de Dieu mais le geste du commandant Arnaud Beltrame est venu contrecarrer son projet et beaucoup de jeunes retiendront le beau courage du gendarme : « Ouah, il a donné sa vie pour la meuf du magasin. » Tous ceux que nous rencontrons sont touchés. Et l'une de nos amies nîmoises, professeur dans un lycée privé, nous dira quelques jours plus tard son étonnement de voir le nombre important d'élèves musulmans venir aux séances facultatives de culture religieuse pour participer aux discussions organisées dans son établissement à propos de ce nouvel attentat.

Plus tard dans l'année, en pleine révolte des Gilets jaunes, un homme tire dans la foule à Strasbourg et vient compléter la liste lugubre des attentats commis « au nom de Dieu ». Comme pour les fois précédentes, on parcourt la cité. Mais, trop c'est trop, l'indifférence a pris le dessus. Lassitude, volonté de fermer les yeux, désintérêt, repli sur soi ? Impossible de savoir ce qui se passe dans la tête de ceux que l'on rencontre. Visiblement, ils ne veulent pas en parler. Au Chemin-Bas-d'Avignon, le dialogue interreligieux n'est pas une réalité suffisamment dynamique pour accompagner les événements. C'est aveuglant : quand prêtres et imams entretiennent un dialogue régulier, nourri d'activités communes, qu'il s'agisse de matchs de foot, de collectes pour les Restos du cœur, de visites des lieux de culte, d'invitations réciproques aux grandes fêtes, alors des liens d'amitié se créent entre musulmans et chrétiens, alors prêtres et imams ont naturellement la capacité et l'autorité pour intervenir publiquement pour condamner et surtout pour expliquer qu'on ne peut jamais tuer au nom de Dieu. Et ils le font, amenant ainsi les uns et les autres au désir de la paix et à la nécessité de vivre une fraternité vraie. Mais quand ils ne le font pas, ils laissent le champ libre à la prise en main de la population par des courants extrémistes.

Un peu plus tard, quand Alain Finkielkraut se fera agresser, nous profiterons d'un café de rue pour proposer une boisson à trois collégiennes et leur demander leur avis sur l'agression antisémite qu'il a subie. Timidité ou manque d'information, elles semblent n'être pas au courant. Nous insistons un peu et l'une d'elles finit par murmurer :

– C'est parce qu'il a été raciste avec le manifestant !

Visiblement la gamine répète ce qu'elle a entendu. Comme au moment des attentats, nous sommes sidérés de voir la vitesse à laquelle se propagent certains « contre-feux » mensongers en cité et comment ils sont repris par les jeunes essentiellement, moins par conviction que par peur d'être suspectés de ne pas penser comme il faut. Et c'est préoccupant.

Nouveau drame, cette fois en Australie et c'est une mosquée qui a été visée. Par un Australien adepte du suprémacisme blanc. Des dizaines de morts innocents. Nous parcourons la cité. Une fois encore le silence l'emporte, sauf chez les jeunes. Cet attentat contre les leurs est pour eux une incitation supplémentaire à durcir leurs positions, à accuser tous les non-musulmans de tous les maux et à justifier l'injustifiable : le recours à la violence à l'égard de l'Occident, dans une escalade dont on se demande quand elle prendra fin.

Combien d'attentats à venir ? Devrons-nous encore longtemps subir ? Et voir inexorablement, attentat après attentat, nos jeunes immigrés justifier la surenchère terroriste ? Dans ces moments douloureux qui blessent l'âme de notre pays, à chaque fois nous sommes frappés par les réactions : celles des politiques qui masquent leur impuissance sous de creux verbiages ; celles des responsables musulmans qui tardent souvent à condamner ; celles des musulmans dont beaucoup sont troublés et peinés mais aussi dont certains sont enclins à comprendre, voire à disculper ; celles de trop de jeunes qui, idéologiquement, justifient les assassins par des motifs injustifiables ; et, *a contrario*, celles des chrétiens qui appellent à la paix et au pardon. Nous aimerions tant que la violence salafiste génère, *in fine*, dans le cœur des gens de bonne volonté, un surcroît d'humanité, pour qu'à la surenchère de haine, réponde une surenchère d'amour ! En tout cas, nous pouvons témoigner qu'auprès de ces gens de bonne volonté, notre présence en cité est pour eux l'occasion de réfléchir et, lorsqu'on est en tête à tête, de condamner cette violence faite au nom de Dieu.

Concours de soupes

À peine installés, avec d'autres associations du quartier, nous sommes invités à participer à un concours de soupes. Le principe est simple : vous conviez quinze associations à préparer une soupe et à la faire déguster par un jury de spécialistes (cuisinier, responsable de restaurant de collectivité, etc.) et par les quinze invités que chaque association pourra amener. Rendez-vous dans la cour d'une école à 11 h 30. Vous prévoyez une animation musicale et un maître des cérémonies dynamique qui met tout le monde en joie. L'ambiance est conviviale et femmes du Maghreb et femmes de Provence s'échangent, l'eau à la bouche, leurs recettes. Deux jours plus tard, Nicole, une amie qui a le cœur sur la main, très engagée dans beaucoup d'associations humanitaires et qui habite le quartier depuis des décennies nous dira :

– Au contact de toutes les femmes musulmanes que j'ai vues au concours de soupe, des écailles me sont tombées des yeux.

Malgré sa présence sur le terrain associatif, elle refusait d'entrer en contact avec les femmes voilées que ces écailles l'empêchaient de regarder !

À côté de notre place et donc de notre Cocotte-Minute qui fleure bon le velouté de carottes au gingembre et au miel, une place reste vide. À la dernière minute, les représentants d'une association arrivent avec une chorba qui embaume, leurs louches et leurs gobelets. Pierre discute avec le président : il vient d'Algérie, et précisément d'Oran. Or dans trois jours aura lieu à Oran la cérémonie de béatification de dix-neuf martyrs assassinés pendant les années noires. Pierre lui en parle, évoque les moines de Tibhirine, l'évêque d'Oran, Pierre Claverie abattu en même temps que son chauffeur Mohamed, les deux cent mille Algériens assassinés ou massacrés. Son interlocuteur l'écoute très attentivement avec un léger sourire sur les lèvres. À un moment, il pose sa main sur le bras de Pierre et se penche vers lui :

– Je sais tout cela. Toute l'Algérie regardera cette cérémonie à la télévision. Voyez-vous, j'ai fait mes études en Algérie. Pierre Claverie était mon directeur d'établissement.

Quelques jours plus tard, nous sommes chez des amis quand la télévision retransmet la cérémonie depuis la basilique Notre-Dame-de-Santa-Cruz qui surplombe Oran. Nous arrivons devant le poste lorsque l'évêque d'Oran lit, en arabe puis en français, le testament de Mohamed Bouchikhi. C'était le jeune chauffeur et l'ami de monseigneur Claverie, conscient du danger mais qui a voulu rester aux côtés de l'évêque jusqu'à partager sa mort. « Au nom de Dieu, le Clément, le Miséricordieux. Avant de lever mon stylo, je vous dis : "La paix soit avec vous." Je remercie celui qui va lire mon carnet de souvenirs, et je dis à chacun de ceux que j'ai connus dans ma vie que je les remercie. Je dis qu'ils seront récompensés par Dieu au dernier jour. Adieu à celui à qui j'aurais fait du mal, qu'il me pardonne. Pardon à celui qui me pardonnera au jour du jugement. Pardon à celui qui aurait entendu de ma bouche une parole méchante, et je demande à tous mes amis de me pardonner en raison de ma jeunesse. Mais, en ce jour où je vous écris, je me souviens de ce que j'ai fait de bien dans ma vie. Que Dieu, dans sa toute-puissance, fasse que je lui sois soumis et qu'il m'accorde sa tendresse. » Nous sommes bouleversés. Et également touchés par le message du pape : « En faisant mémoire de la mort en Algérie de ces dix-neuf victimes chrétiennes, les catholiques d'Algérie et du monde veulent célébrer la fidélité de ces martyrs au projet de Paix que Dieu inspire à tous les hommes. Ils veulent, en même temps, prendre dans leur prière tous les fils et filles de l'Algérie qui ont été, comme eux, victimes de la même violence pour avoir vécu, avec fidélité et respect de l'autre, leurs devoirs de croyants et de citoyens sur cette terre bénie. » Enfin l'allocution du ministre des Affaires religieuses et des Wakfs, Mohamed Aïssa, nous interpelle : « L'Algérie, à travers le discours du président de la République, Abdelaziz Bouteflika, reconnaît et s'incline à la mémoire des 114 imams morts en martyrs dans l'exercice de leur devoir afin d'empêcher l'utilisation de la mosquée pour détruire l'Algérie et porter atteinte à l'islam. » Si l'Algérie reconnaît que des mosquées peuvent être utilisées contre sa République, pourquoi n'accepte-t-on pas en France de l'envisager ?

Guetteurs

« Rââââ, arââââ ! » Le cri court et enfle dans le quartier : de jeunes guetteurs annoncent les flics. Immédiatement le trafic s'arrête, vendeurs et guetteurs se réfugient dans des appartements, la drogue disparaît. Le quartier est calme. Je croise une grand-mère marocaine, qui fulmine :

– Vous êtes fous en France de laisser faire ces gamins. Une bonne rouste, c'est ce qu'il faut leur donner. C'est une honte. Et les parents laissent faire !

Ici, comme dans toutes les cités où nous sommes passés, les guetteurs sont des gamins de 14 ou 15 ans. Déscolarisés pour la plupart depuis la cinquième ou la quatrième. Avec leur air juvénile, ils me font penser à mes anciens élèves. Peut-être y aurait-il eu parmi eux des ingénieurs, des médecins, des artistes ? Quel gâchis ! Eux qui ne tenaient sans doute pas en place sur les bancs du collège sont capables de rester des heures au même endroit à pister le policier, pour de l'argent qui améliorera le quotidien familial et permettra de se payer des tenues de sport de marque et des mobiles performants.

C'est jour de porte-à-porte et nous frappons à une porte d'un immeuble voisin. Long silence puis une voix peu amène :

– C'est qui ?

– Des voisins de l'immeuble d'à côté.

La porte s'ouvre. Une petite dame blonde nous ouvre. Suspicieuse au début, quand on lui dit qu'on vient lui souhaiter la bonne année, elle nous propose, avec un brave accent du Sud, d'entrer prendre un café :

– Vous avez de la chance parce que je ne reçois personne ! Mais vous, vous avez une bonne tête !

Nous passons alors presque deux heures avec elle. Et spontanément, avec une confiance et une transparence totales, elle nous confie sa vie : placée enfant à la DDASS, reprise par sa mère qui la met à la porte à 14 ans, elle est récupérée par son père et mise à nouveau à la porte ; la drogue, la violence, la rue, les passes pour se faire du fric ont été son quotidien. Fracassée, malmenée, elle s'est mariée à un Maghrébin qui l'a abandonnée avec deux enfants, et qui est décédé récemment. Elle a 50 ans, n'arrive pas à joindre les deux bouts mais nous raconte ses galères en restant toujours joyeuse et positive. Elle s'est fait beaucoup de souci pour son fils qui, à 15 ans, s'est fait mettre le grappin dessus par le réseau de drogue et a commencé à guetter. Dès qu'elle l'a su, elle n'a fait ni une ni deux, a filé au lieu de deal, a gueulé, tempêté, renversé le mobilier de l'échoppe qui sert de couverture : « Si vous continuez à faire tapiner mon fils, je vous étrangle. »

Elle ajoute :

– J'ai vu le patron de cette équipe, je lui ai dit « Je t'ai connu minot, je t'ai même aidé et tu fais tapiner mon fils ? Honte à toi ! »

Du coup, la pression qu'elle a mise sur le réseau avec d'autres parents a permis, non pas que le réseau déménage, mais qu'il utilise des garçons d'autres cités :

– Au moins, les nôtres sont protégés, dit-elle avec philosophie.

Je pense alors que ce qu'une maman seule et courageuse fait, la police est impuissante à le faire. Quand on lui demande comment font les responsables de la drogue pour faire « tapiner » des gosses douze heures d'affilée, de 9 à 23 heures, alors même qu'ils étaient incapables de fixer leur attention en classe ou de s'intéresser à leur enseignement, pour elle c'est simple : il y a l'argent et la peur. L'argent qui permet au gamin de rapporter de la viande ou de s'acheter des vêtements de marque. La peur, car la désobéissance ou la moindre velléité d'arrêter le trafic est sanctionnée à coups de batte de baseball. Et elle nous parle d'un ami de son fils qui se terre chez lui, sans sortir, depuis trois mois par peur panique des représailles. Ce sont des mineurs ! C'est à pleurer.

– J'me fais jusqu'à trois cents euros par jour quand je tiens la sacoche.

Samir, pas encore majeur, l'air propre du gosse de famille, bien coiffé, vêtu d'un survêtement de marque et doté de chaussures haut de gamme, nous confie que la vie est belle. Il n'a pas peur :

– Frère, t'es mineur, les keufs te prennent tu risques rien. La juge elle te dit « recommence pas » et tu reviens tranquille dans le quartier.

Ce discours, tant de fois entendu, n'est pas de la provocation. Le plus souvent, la juge (il y a très peu d'hommes juges pour enfants) fait un sermon moralisateur et sanctionne par une admonestation. Le gamin triomphe, sa maman pleure. Mais le dossier judiciaire s'alourdit. Puis Samir nous explique que pour son job, le tarif est différent suivant les jours, que ce n'est pas un CDI mais un temps partiel, en fonction des besoins, des heures de pointe dans la semaine et des disponibilités des uns et des autres. Pierre se dit que les patrons de la drogue sont de vrais chefs d'entreprise : bons organisateurs, ils pratiquent la modulation du temps de travail et sont d'excellents managers malgré des méthodes expéditives ! Lui revient en tête l'idée de Montand d'organiser des rencontres discrètes entre vrais chefs d'entreprise et chefs de réseaux. Avec, en arrière-plan, le désir de montrer aux chefs de réseaux qu'ils pourraient utiliser leurs qualités de commerçants, d'organisateurs et de managers dans des activités économiques licites sans obligation de se méfier vingt-quatre heures sur vingt-quatre de la police, des indics, des traîtres ou des concurrents.

Le jour n'est pas encore levé et Pierre se hâte pour accompagner un grand jeune à sa première journée de travail.

En traversant le parking de l'immeuble, il entend de gros bruits sourds. À quelques mètres de lui, il voit un des responsables du trafic taper violemment à coups de poing sur la figure du jeune Samir. Et il entend :

– Je vais t'apprendre à obéir, petit con.

Son premier réflexe est d'aller les séparer. Son deuxième réflexe est de se poser la question de savoir s'il a envie de prendre des coups. Son troisième réflexe est de se dire qu'il s'est levé tôt pour un accompagnement, pas pour faire le juge de paix. En rentrant, il rencontre une voisine qui a assisté à tout de son balcon :

– C'était un règlement de comptes, le chef a cassé la gueule au petit jeune qui ne faisait pas bien la surveillance des flics. Tu vas voir, demain ils seront bien copains.

Effectivement, quelque temps après nous rencontrons le plus âgé bras dessus bras dessous avec son acolyte, la mine encore bien tuméfiée. Le chef, tout le monde le connaît. Il est l'aîné d'une famille nombreuse aux petits revenus qui vit très au-dessus de ses moyens : voitures coûteuses et, au bled, construction d'une ou de plusieurs maisons qui, de l'aveu même d'une des cadettes de la fratrie, seraient de vrais palais. Merci au business des garçons… Quelques jours plus tard néanmoins, Samir se fait attraper par la police avec la sacoche. L'indignation est forte parmi les jeunes. Pas qu'il se soit fait attraper mais qu'il ait gardé la sacoche ! Si les vendeurs perdent les réflexes de base, où va le trafic ?

En tournée de rue, on visite aussi les commerçants. On entre un soir dans une pharmacie. Par chance, il n'y a pas de client.

On discute alors avec le pharmacien très sympa. Originaire du Maroc, venu en France à 16 ans, il s'est débrouillé tout seul. Il a connu la misère, les quartiers, la faim. Mais il a réussi, à la force du poignet. Il est triste de voir comment les choses ont évolué. La perte des repères, le manque d'exigence, l'abdication des parents, le laisser-aller, la peur de mettre les choses en ordre, la délinquance en toute impunité… c'est la litanie habituelle de beaucoup de gens des cités. Lui non plus ne comprend pas qu'on laisse se déployer le trafic de drogue. Il est d'ailleurs très au courant de ce trafic : son commerce jouxte la pseudo-alimentation qui sert de point central de vente et où il voit les voitures s'arrêter, comme au drive, pour prendre livraison de la commande. En toute tranquillité.

Aux yeux et à la barbe des policiers…

– Bonjour, je peux vous offrir un café ou un thé ? C'est le café du cœur, pour faire connaissance.

Comme chaque mardi, nous proposons à tous les habitués du marché de s'arrêter un instant pour bavarder, pour « oser la rencontre ». Nous retrouvons beaucoup de ceux que nous avons rencontrés en porte-à-porte. Les liens entre nous se renforcent. Comme presque tous les mardis, deux policiers de la police nationale passent et nous saluent. Aujourd'hui, ils acceptent un café et nous discutons. L'un d'eux, tout à coup, la tête tournée vers le parking, grommelle :

– Et en plus ils se foutent de notre tête !

Nous regardons. Il parle des guetteurs qui, à trente mètres, lui font des gestes inamicaux. Une voiture s'arrête et, sous nos yeux à tous, le conducteur vient se fournir en drogue. Le plus vieux policier part vers eux, en courant, mais la voiture et les jeunes s'envolent comme des moineaux. Un moment plus tard, il nous dira :

– C'est incroyable, vous avez vu : personne ne bouge sur le marché. Ça arrange tout le monde, ce trafic. Vous savez, on connaît tout, les noms, les adresses, les réseaux. On l'a signalé. Rien ne bouge. On nous dit qu'il vaut mieux préserver la paix sociale. On laisse agir les délinquants et nous, on nous demande de faire respecter l'ordre et la loi. Alors maintenant, j'attends ma retraite et j'arrête de vouloir jouer au super flic !

Son collègue, plus jeune, est au bord des larmes et nous nous attendons presque à le voir tomber dans nos bras pour se faire consoler :

– À quoi ça sert de faire semblant ? Ils nous narguent, ils se moquent de nous ! Ils savent qu'ils sont mineurs et que le juge ne leur fera rien. C'est une comédie !

Et il nous confie qu'il songe très sérieusement à démissionner. Le plus vieux policier ajoute :

– Et si jamais on en attrape un, on a tous les autres sur le dos. Et il leur suffit de nous accuser de violence pour qu'on soit contraints de justifier le contraire !

Leur malaise nous interpelle ainsi que l'impunité dont jouit le trafic : un jeune père de famille de cinq enfants, dans notre famille proche, après un match de rugby arrosé à la bière, se fait contrôler à 0,63 gramme. Limite autorisée : 0,50 gramme. Retrait de permis immédiat suivi de quatre mois de retrait sur décision administrative puis d'une condamnation judiciaire de six mois avec six points de retrait sur le permis. Résultat : cinq heures de déplacements quotidiens pour son boulot. Tant pis pour lui, il faute, il paye, c'est normal. On en parle à un jeune dealer :

– Moi, je deale. Ça craint moins !

L'alcool tue, on sanctionne. La drogue tue, on ne sanctionne pas. Pourquoi ? Un habitant de la cité nous a dit un jour :

– Pourquoi voulez-vous qu'ils stoppent le trafic quand certains policiers, eux-mêmes, viennent ici se fournir[1] ?

D'après les dires, certains dans la police et l'armée seraient consommateurs de produits stupéfiants. Bien sûr nous n'avons pas pu vérifier cette rumeur. Il faut savoir que beaucoup d'études et d'enquêtes montrent que la question n'est pas traitée ou est mal traitée par les pouvoirs publics[2].

Il n'est pourtant pas nécessaire d'attendre longtemps quand on vit en cité pour découvrir où se trouve le point de deal car personne ne se cache… Comme au McDo, on commande par téléphone, on arrive en voiture fenêtre baissée, on paye

1. Voir aussi *Entendez-vous l'éco ?*, France Culture, 22 janvier 2019, https://www.franceculture.fr/emissions/entendez-vous-leco/entendez-vous-leco-du-mardi-22-janvier-2019.

2. Entre autres publications, voir celles de Christian Ben Lakhdar, maître de conférences à la faculté des sciences juridiques, politiques et sociales de l'université Lille 2 ou celles de Fabrice Olivet, directeur de l'association Autosupport des usagers de drogues (Asud.).

d'abord et on reçoit la marchandise. En quelques secondes, l'affaire est conclue. Pour la seconde fois depuis que nous vivons au cœur des quartiers, nous apprenons que la police est intervenue. Brigade des stups, sûreté départementale, juge, police : le grand jeu. Résultat : le « drogue drive » est stoppé. La drogue est saisie, des armes aussi, les jeunes sont embarqués pour une longue garde à vue. Ça fait plaisir, même si c'est le menu fretin qui est concerné et on se dit que ce coup-ci, le trafic va peut-être s'arrêter. Le lendemain, tournée de rue. Bizarre, les guetteurs sont là, leur responsable aussi, les bagnoles continuent à venir au drive. Renseignement pris, c'est dans une cité voisine que la descente a eu lieu ! Visiblement, ça ne trouble pas nos trafiquants ! Cité après cité, le paysage est donc le même. Même trafic réalisé au vu et au su de tous, même impunité pour les caïds, mêmes clients qui ne peuvent plus s'arrêter de consommer et, plus grave, mêmes gosses embarqués et trompés. Il y a pourtant des lois de protection des mineurs dans notre pays mais on ne les applique pas et les gamins sont laissés en déshérence… Tout leur est accessible et ils sont la proie de prédateurs. On laisse faire sans volonté de prendre le problème à bras-le-corps ! Au nom des valeurs de la République, on lutte bien contre le racisme, on lutte contre l'homophobie, on lutte contre la pauvreté matérielle, contre l'alcool au volant. Et on ne sait pas lutter contre le trafic ?

Le trafic, c'est l'organisation méticuleuse d'un vaste marché très lucratif, ce sont des réseaux managés par la peur et la menace, ce sont des parents absents, ce sont des éducateurs dépassés, ce sont des gosses mineurs, souvent terrorisés. Le trafic, c'est parfois la voie royale vers la prison, vecteur de radicalisation. Le trafic, ce sont aussi des milliers de consommateurs sans lesquels il n'aurait plus de raison d'être ; c'est, nous semble-t-il, une police peu efficace, une justice qui ne sanctionne pas la source, un manque désolant de volonté politique. Le trafic, c'est pour nous une société qui se ment à elle-même, c'est la République qui a perdu le sens de ses valeurs.

Heureusement nous savons aussi que nos cités sont peuplées en très grande majorité de femmes et d'hommes qui aspirent à la paix et à la sociabilité ; c'est pourquoi, nous restons persuadés qu'un jour nous aurons collectivement le courage de changer les choses en sachant appeler mal ce qui est mal et en multipliant les contacts pour casser le communautarisme qui enferme beaucoup de personnes dans leur vase clos. C'est cette espérance, née de nos cinq années en cité, qui nous habite et qui, demain, si nous sommes plus nombreux à oser la rencontre, habitera la France.

Migrants mineurs non accompagnés

Goundo entre un jour à l'improviste au local du Rocher. Elle habite juste à côté, un petit studio mis à sa disposition par le foyer qui l'a accueillie comme « mineure non accompagnée » quand elle est arrivée de Côte d'Ivoire à l'âge de 16 ans. Elle me demande de l'aider en français car si elle le comprend très bien, elle le parle « à l'ivoirienne », en avalant la fin des mots, et elle ne maîtrise pas du tout la langue écrite car elle a quitté l'école en début de primaire. Peu à peu nous nous apprivoisons mutuellement et je découvre par elle tout le dispositif que la France met en place pour accueillir les jeunes migrants : logement meublé, vêtements, nourriture, inscription à des formations censées correspondre à leurs capacités et accompagnement personnalisé par des éducateurs que j'aurai l'occasion de rencontrer et dont l'investissement est souvent admirable. Goundo a été inscrite dans un lycée professionnel pour préparer un CAP de vente. Bien qu'elle ne soit pas au niveau en raison de ses difficultés à l'écrit, ses professeurs louent sa bonne volonté, son assiduité et son acharnement pour y arriver. Au foyer, ses éducateurs apprécient aussi ses facilités d'adaptation, sa joie de vivre, son esprit de camaraderie.

Pourtant, du jour au lendemain, le week-end de ses 18 ans, elle va être mise à la porte de son studio sans autre forme de procès parce qu'elle est majeure… et qu'elle a voyagé sous une fausse identité. Elle me raconte alors les circonstances de son arrivée chez nous : à la mort de son père, un oncle a pris en charge toute la famille : sa mère, elle-même, son petit frère et sa petite sœur. Comme l'exige la coutume, son oncle a alors sommé sa mère de l'épouser et, comme celle-ci refusait, il l'a mise à la porte en lui interdisant tout contact avec ses enfants, qu'il a gardés près de lui. Et il a mis un point d'honneur à respecter les volontés de son frère, le papa de Goundo, qui avait promis sa fille en mariage à un de ses amis. C'est ainsi que Goundo, à 13 ans, a été excisée et s'est retrouvée mariée à un homme de plus de 60 ans qu'elle n'avait jamais vu et dont elle était la énième épouse. Désespérée, la pauvre enfant a réussi à joindre par téléphone sa maman en lui disant que, si elle ne parvenait pas à s'enfuir, elle mettrait fin à ses jours tant elle était dégoûtée par son vieux mari. Elle a heureusement réussi à rejoindre sa mère qui, le cœur gros, a organisé son départ de Côte d'Ivoire où elle n'était plus en sécurité : un jour ou l'autre l'oncle ou le mari la retrouveraient. Il a fallu payer des filières très coûteuses (d'après Goundo, sa maman s'est endettée pour elle jusqu'à la fin de ses jours) et trouver d'urgence des papiers pour pouvoir sortir du pays : ceux de Goundo étaient restés chez l'oncle et elles n'avaient pas le temps d'en faire faire de nouveaux. Du coup, la maman a eu l'idée de donner à Goundo les papiers de sa plus jeune sœur, en maquillant juste la date de naissance pour y inscrire celle de sa fille. La veille de sa majorité, l'État français a découvert la manigance, a soupçonné Goundo d'avoir triché sur sa date de naissance pour être accueillie comme « mineure non accompagnée ». Et même si les examens osseux ont confirmé qu'elle avait bien son âge, même si elle a pu récupérer ses véritables papiers auprès du consulat de Côte d'Ivoire, elle a été littéralement mise à la rue. Heureusement tout un réseau de solidarité s'est mis en place, les professeurs de son lycée ont obtenu qu'elle soit accueillie à l'internat, des familles de camarades l'ont invitée pour les week-ends et les vacances, mais la dernière fois que je l'ai eue au téléphone, sa situation administrative était toujours bloquée et elle était hantée par l'idée que la France allait la reconduire dans son pays natal.

Aux Vans, en Ardèche, où nous faisons de brefs séjours, sont arrivés en 2016 deux cents migrants venus principalement de la jungle de Calais. La petite ville s'est organisée pour accueillir ces nouveaux habitants. La municipalité, des associations et beaucoup de familles ont alors œuvré localement pour eux. Logement, alphabétisation, repas communs… tout a été fait pour leur faciliter la vie. Se sentant accueillis, ils ont pu commencer à s'intégrer. Certains ont vu leur situation se régulariser mais beaucoup d'entre eux ont été contraints de retourner dans le pays européen où ils avaient débarqué en premier. Nous en avons rencontré quelques-uns. L'un nous a dit son désarroi : difficultés pour arriver en Europe, difficultés dans son premier pays d'accueil, difficultés en France, à Calais d'abord puis aux Vans. Alors qu'il commence à s'acclimater, à reprendre confiance en lui et dans l'avenir, la préfecture lui demande de repartir en Italie, de recommencer à zéro un nouveau processus d'intégration. C'est le règlement européen dit de Dublin. Beaucoup sont restés illégalement sur le territoire français, d'autres sont repartis vers leur premier pays d'accueil. Cette gestion des migrants est la même dans toute l'Europe. Elle est vraie aussi dans nos cités où, un beau jour, le migrant qu'on accompagne disparaît : ailleurs en France, dans le pays d'arrivée ou dans le pays d'origine ?

Quand on y regarde bien, tous les migrants font ce que des millions de personnes ont fait depuis des millénaires : partir ailleurs en espérant trouver un monde meilleur, partir ailleurs chassés par la guerre, partir ailleurs parce que la vie n'est plus possible chez eux. Le phénomène est aggravé par des réseaux professionnels de passeurs qui exploitent sans vergogne de pauvres gens qui veulent émigrer. Ce que font ces migrants, nous le ferions, nous aussi, si notre pays n'était plus capable d'assurer notre vie quotidienne, notre sécurité et notre liberté. Ils sont accueillis par la France, berceau des droits de l'homme. La République met à leur disposition des budgets et des droits. Elle essaie de les aider et fait en sorte qu'ils ne posent pas trop de problèmes. Mais elle les emberlificote dans une jungle administrative qui empile règles européennes, lois nationales et arrêtés préfectoraux. Ils sont heureusement accueillis également par des centaines d'associations et de citoyens qui leur apportent un peu d'humanité et les aident de façon admirable et désintéressée. L'immense majorité de ces migrants aspirent à vivre normalement : à travailler, à faire vivre une famille, à élever dignement leurs enfants. Tous ont interdiction absolue de travailler. Pourquoi ? Beaucoup alors se font exploiter par leurs compatriotes car presque tous ne comprennent pas le nombre de démarches et de papiers nécessaires à leur régularisation et le temps passé à attendre une carte de séjour qui leur permette de travailler. Quand, *in fine*, leur situation est régularisée, ils nous expriment leur reconnaissance. Mais certains aussi profitent du système.

Les profiteurs existent aussi

Les profiteurs existent… nous en avons rencontré un qui, un jour, nous accoste. Il s'appelle Milano et parle vraiment très mal le français. Pierre va passer beaucoup de temps avec lui ! Il croit comprendre qu'il est croate et qu'il a besoin de manger :

– Six enfants, très petite maison, seulement deux pièces, dit-il avec un fort accent qui rend ses propos peu compréhensibles.

Il raconte alors son histoire et dit avoir environ 6 000 euros de dettes : il devrait 1 000 euros à l'épicier, 1 000 à son propriétaire, 2 000 à EDF et 2 000 à son passeur. Le passeur ?

– Oui venir en France avec passeur. 2 000 euros là-bas et encore 2 000 en France. Moi réfugié, guerre dans mon pays !

La guerre ? Pierre ne peut pas s'empêcher de marquer sa surprise :

– Mais elle est finie depuis vingt ans !

– Non, elle continue, danger pour moi.

Pour faire bref, il est arrivé en 2008 à 17 ans, a été régularisé comme réfugié en 2012, s'est mis en couple sans se marier car il semblerait que ce soit plus avantageux en termes d'aides, a eu six enfants, n'a jamais travaillé depuis son arrivée, vit avec sa compagne croate, bénéficiaire elle aussi du RSA, des allocations familiales et d'aides diverses. On a calculé, sans avoir réussi à avoir confirmation de la CAF, qu'ils devaient toucher aux alentours de 2 000 euros nets d'impôts par mois. Lors du bilan de la semaine, Pierre nous expose la situation de Milano et se heurte à une levée de boucliers générale : accompagnons ceux qui en ont vraiment besoin mais les profiteurs, laissons-les profiter tous seuls. Après des échanges un peu vifs, nous nous rappelons deux points qui fondent notre raison d'oser la rencontre : Le Rocher, c'est l'accueil inconditionnel ET c'est parler en vérité. Pierre revoit donc Milano pour lui dire :

– Mon frère, on peut t'aider et t'accompagner vers l'entreprise mais nous ne sommes ni Les Restos du cœur, ni le Secours populaire…

Commence alors une série de rencontres avec lui pour monter son dossier : Pôle Emploi, inscription dans les boîtes d'intérim, accompagnement à des rendez-vous, etc. Peu à peu, Pierre se rend compte qu'il n'a pas tellement envie de travailler. À chaque fois qu'il est sur une piste et qu'il a un entretien, au lieu de se présenter comme Pierre lui a appris à le faire, il parle uniquement de ses enfants :

– Six enfants, très petite maison, seulement deux pièces.

Pour mieux comprendre sa situation, nous décidons tous les deux d'aller chez lui à l'improviste. Il n'est pas là. Nous découvrons un rez-de-chaussée de villa sur jardin, composé de deux grandes pièces complètement vides et ouvertes à tout vent. Pas un meuble. Aucun vêtement ni aucun jouet ne traîne et il n'y a pas un placard pour ranger. À l'exception d'un évier et d'un réfrigérateur, la cuisine est vide : aucune vaisselle et pas la moindre provision. Il est impossible qu'une famille avec six enfants habite ici sans laisser aucune trace de sa présence. Pour nous, c'est un logement inoccupé, ce que confirme le voisin croate du dessus qui nous donne sa véritable adresse.

Nous finissons par découvrir la vérité : il habite bien un rez-de-chaussée de villa, mais spacieux et meublé et chauffé aux frais d'EDF à qui, malgré ses « revenus », il ne paie pas les factures. Ses enfants ont les dents complètement gâtées alors qu'il pourrait et devrait les faire soigner puisqu'il bénéficie de la CMU. Pierre est furieux et le lui fait savoir. Milano explique alors, et bizarrement parle plus distinctement, qu'il n'a confiance en personne et que, comme il a besoin d'être aidé, il décrit une situation plus difficile que sa situation réelle. Il nous dit aussi ne pas vouloir faire de demande de logement social parce qu'il n'a pas envie d'habiter au Chemin-Bas ou dans un quartier analogue.

Nous comprenons alors qu'il est empêtré dans son inactivité, qu'il n'a jamais travaillé depuis dix ans qu'il est en France, qu'il vit de ses allocations, que personne ne lui a jamais demandé de bosser et que sa situation va perdurer si personne ne le bouscule. Alors Pierre continue à le voir en posant ses conditions : s'il veut qu'on l'aide, qu'il s'inscrive aux cours d'alphabétisation où Pierre l'a amené, qu'il aille à Pôle Emploi chaque jour demander du travail et qu'on fasse un point régulier au Rocher le mercredi après-midi.

– Pas problème, je faire.

Mais fin mars, Milano… toujours pas faire, pour reprendre son expression. Et Pierre… toujours dubitatif quant à sa réelle volonté de travailler. Devant les exigences de Pierre, Milano finira par déclarer forfait et par disparaître dans la nature. Grappiller quelques aides par-ci par-là pour améliorer ce qu'il touche par ailleurs semble finalement assez bien le satisfaire. Et il a dû tenter sa chance ailleurs…

Invités à la rupture du jeûne

Pendant le ramadan il est difficile, au café de rue, de proposer des boissons à ceux qui nous croisent. Finalement, l'équipe décide d'offrir un gâteau, *makrout*, *baklawa* ou autre. La formule est simple :

– Bonjour monsieur, je peux vous offrir un gâteau ?

La réponse est systématique, souvent souriante, parfois sentencieuse, rarement outrée :

– Mais je fais le ramadan !

Alors, avec notre plus beau sourire :

– Ah mais ça n'est pas pour manger tout de suite, c'est pour ce soir, pour la rupture du jeûne.

Et nous ajoutons parfois :

– Comme ça, vous penserez à nous et vous prierez pour nous.

Les cœurs chavirent, les visages s'illuminent et ce gâteau donné permet souvent d'amorcer de belles discussions mais aussi de recevoir des invitations à partager la rupture du jeûne. C'est ainsi que j'ai sympathisé avec une maman algérienne au merveilleux sourire qui nous a invités chez elle quelques jours plus tard pour partager avec sa famille le repas de la nuit. Nous avons passé une soirée merveilleuse : Pierre a bien sympathisé avec son mari, et leurs enfants, très bien élevés, nous ont posé mille questions judicieuses et parfois amusantes sur notre vie et les raisons de notre présence dans le quartier. Forte de ces liens d'amitié, Khadija nous demande quelques jours plus tard de l'aider à rédiger une lettre à son bailleur pour demander qu'ils puissent déménager au rez-de-chaussée de leur immeuble, un appartement s'étant libéré. Elle nous dit souffrir de maux de ventre et être fatiguée de monter l'escalier. Je rédige la lettre, sans être tout à fait persuadée du bien-fondé de sa demande : selon moi, elle a à peine trente-cinq ans et son mari et ses deux aînés peuvent bien l'aider à porter ses provisions. Quelques mois plus tard, quand nous repasserons visiter cette famille, son mari nous apprendra que Khadija est décédée à l'hôpital pendant l'été : ses maux de ventre s'étant aggravés, ils ont appelé le Samu mais trop tard : les médecins n'ont pas pu la sauver. Nous sommes bouleversés. Je m'en veux de l'avoir intérieurement jugée. De n'avoir pas respecté l'exigence du Rocher de ne jamais le faire ! Cette exigence tellement pertinente est si dure à respecter que, même après cinq ans au cœur des quartiers, il m'est encore difficile de toujours la pratiquer !

Un autre mardi, c'est Khaled, un gros commerçant du marché, amateur de jolies femmes, qui interpelle Pierre. Avec un petit air malicieux, il lui demande s'il fait le carême. Pierre lui explique qu'il le fait et pourquoi et comment il le fait. L'autre insiste lourdement sur la supériorité du ramadan, évidente pour lui. Un brin agacé, Pierre essaie d'orienter la discussion sur le sens du jeûne mais son interlocuteur persiste à en rester à la performance, en insistant sur la difficulté du ramadan musulman auprès duquel le carême chrétien ne pèserait pas lourd. Pierre l'arrête en lui disant qu'il pense stérile de faire des comparaisons. Et il ajoute :

– Dis-moi plutôt comment tu progresses dans ta relation à Dieu, dis-moi comment ta religion t'aide à être meilleur et je te dirai ce qu'il en est pour moi. On s'écoute et on retient ce qui est beau chez l'autre. On ne compare pas !

Et il coupe court à la conversation. Le commerçant, ennuyé, viendra un peu plus tard me dire qu'il n'a pas voulu vexer Pierre ; j'ai l'impression qu'il est dans ses petits souliers et qu'il cherche à s'excuser. Nous resterons en bons termes même si son attitude et le récit récurrent de ses exploits de séducteur mettent une petite ombre à nos relations.

Gagner des points

La fin de notre année à Nîmes est endeuillée par un nouveau drame : nous apprenons en effet qu'un éducateur de rue avec qui nous avions sympathisé vient de perdre brutalement son fils de 36 ans. Avec le responsable de l'antenne, Pierre décide d'assister à l'enterrement à la mosquée où a lieu la cérémonie. À 13 heures, ils enlèvent leurs chaussures et se glissent au fond de la salle de prière. Nombreux sont ceux qui les saluent en passant devant eux. Puis a lieu la prière du milieu du jour qui correspond chez les moines chrétiens à l'heure de sexte. En fin de prière, les portes de la mosquée s'ouvrent devant le cercueil, un iman fait une courte prière en arabe puis il prêche en français :

– Vous ne savez ni le jour, ni l'heure. Il vous faut donc être prêts, il vous faut obéir à Allah, et faire ce qu'il demande. Alors le salut sera sur vous et la miséricorde d'Allah vous récompensera. Mais attention au châtiment pour celui qui n'obéit pas et ne pratique pas les cinq piliers.

Rebelote au cimetière où un jeune imam reprend la même exhortation, promettant la colère de Dieu au mauvais pratiquant.

Avant de partir au cimetière, Bruno et Pierre vont saluer la mère du fils décédé et ils se sentent bien démunis devant les larmes de cette maman effondrée. Il ne lui sera pas permis d'assister à la mise en terre, réservée aux hommes. Elle n'aura le droit de venir se recueillir sur la tombe de son fils que bien plus tard. Au cimetière ils assistent, impressionnés, à l'ensevelissement du cercueil déposé directement dans le sol pour être ensuite recouvert de terre par les participants. Les hommes se pressent autour du trou et la pelle passe de mains en mains, presque fébrilement. Pierre et Bruno se diront frappés par la dimension collective, presque fraternelle de ce rite comme de la prière dans la mosquée qui est comme une chorégraphie d'agenouillements successifs. Quelques jours plus tard, lors de leur tour de rue, le papa est là. Ils lui redisent qu'ils partagent sa peine et ajoutent qu'ils ont été surpris, au moment de l'ensevelissement, de la bousculade pour jeter de la terre sur le cercueil. Leur interlocuteur leur explique alors que plus on met de terre, plus on obtient de récompense d'Allah. Encore la course aux points ! Sans mauvais esprit, Pierre ne peut s'empêcher de faire intérieurement un parallèle avec le permis de conduire !

Le même soir, leur attention est attirée par un homme âgé attablé seul dans un café et dont la tristesse les émeut. Après les salamalecs d'usage, il va bien, *hamdoulilah*, sa femme va bien, *hamdoulilah*, ses enfants vont bien, *hamdoulilah*, Pierre lui fait remarquer qu'il n'a pas l'air d'aller si bien que ça. Il acquiesce en pointant le doigt vers le ciel :

– Je suis très fatigué… Quand Allah voudra !

– Chibani[1], l'interroge alors Pierre, tu vas bientôt aller au paradis ?

Il hausse les sourcils :

– Tu vois (il montre son bras droit), ça, c'est le bras droit, tu marches tout droit, tu vas au paradis d'Allah. Mais ça (il montre son bras gauche et le fait zigzaguer), c'est le bras gauche, tu tournes, tu retournes et tu rates le paradis.

Avec lui, ils éclatent de rire avant que Pierre ne le rassure :

– Mais non, *khouyia*[2], le bon Dieu voit ton bras droit parce qu'il t'aime et Jésus lui cache ton bras gauche !

Nous voyons bien que tous les musulmans pensent que le salut se fait « à la force du poignet » par le croyant lui-même, sans certitude au demeurant qu'Allah agrée leurs prières. Quelle espérance plus belle leur donner ? L'exemple des moines de Tibhirine nous vient souvent à l'esprit. Ils aimaient l'Algérie, ils aimaient le peuple algérien, ils ont prié pour lui,

1. Ce terme signifie « vieux », « ancien », ou encore « cheveux blancs ».
2. Ce terme signifie « mon frère ».

ils sont restés sur place au risque de leur vie, ils ont donné leur vie par amour pour lui.

Et, ce jour-là, alors qu'à notre tout petit niveau, nous prions avec ferveur pour nos familles des cités, pour nos grands jeunes qui partent en vrille, pour tous les enfants qui ont croisé notre chemin, se pose soudain à nous la question de savoir si nous donnerions notre vie pour eux. C'est une chose de leur avoir donné cinq ans de notre vie, mais c'en est une autre de donner sa vie à la façon d'Arnaud Beltrame ou de Christian de Chergé qui ont vécu à plein le précepte évangélique: « Il n'y a pas de plus grand amour que de donner sa vie pour ceux qu'on aime » (Jn 15, 13).

Une page se tourne

Nous savions, en arrivant à Nîmes, que nous entamions notre dernière année au Rocher. Notre descendance continuant de s'agrandir, nos enfants et nos petits-enfants sont demandeurs de davantage de disponibilité et pour ma part, j'aspire de plus en plus à recouvrer une totale liberté de mouvement. Pourtant, bien que nous y soyons préparés, quitter Nîmes est difficile. C'est fou la rapidité avec laquelle certains habitants s'attachent à nous et nous à eux! Aussi est-ce chaque fois un déchirement pour eux de nous voir partir et pour nous de les quitter.

C'est donc le cœur gros qu'en juillet 2019, nous quittons Nîmes, touchés par les attentions et par l'émotion de ceux qui sont venus nous dire au revoir. Mais bien décidés à passer de temps en temps visiter ceux qui nous sont devenus chers.

Saison 6

Retour à la case départ ?

Aix-en-Provence, septembre 2019 – …

Ce qui m'étonne, dit Dieu, c'est l'Espérance.
Et je n'en reviens pas.
Cette petite Espérance qui n'a l'air de rien du tout.
Cette petite fille Espérance. Immortelle.

CHARLES PÉGUY

La cité ? Elle change les vies, elle change les cœurs !

En cinq ans, nous nous sommes posés beaucoup de questions sur le sens de notre présence en cité. Le doute sur l'utilité de notre engagement ne nous a pas épargnés et notre impuissance devant tant de drames partagés nous a parfois tiré des larmes. Sans la vie spirituelle vécue au démarrage de chaque journée, avant que commencent les activités du Rocher, sans la messe, sans l'adoration et sans la louange chantée, nous n'aurions pas tenu longtemps. La cité, en effet, c'est un combat de tous les jours. « Oser la rencontre », c'est un combat de tous les jours. Combat contre soi-même, ses égoïsmes et ses pesanteurs. Combat contre la désespérance tellement sont nombreuses les situations compliquées. Combat contre le découragement tant il y a de choses à faire. Ces combats, nous les avons menés en équipe, avec l'appui de l'énergie spirituelle puisée chaque matin, et avec l'appui de l'énergie humaine dégagée par la présence à nos côtés de jeunes volontaires enthousiastes.

En cinq ans nous avons croisé au sein de l'association plus de cent cinquante volontaires en service civique. Nous avons vécu au quotidien avec plusieurs d'entre eux. Des jeunes de 18 à 30 ans. Une belle jeunesse, pleine de générosité, d'idéal, de bonté, d'ouverture d'esprit, d'enthousiasme, de bon sens et de perspicacité. Sans ces volontaires, peut-être aurions-nous déclaré forfait beaucoup plus tôt ! Quand on leur demande d'exprimer ce que représente pour eux leur présence en cité, leurs réponses fusent, ciselées comme des diamants, et nous les recevons en plein cœur comme des salves d'amour et de beauté. Pour l'un, son année au Rocher a été « une école de mise en pratique du bien commun, un moyen pour que la France s'ouvre à la cité et que la cité s'ouvre à la France ». Une autre invite ses amis à venir voir la fraternité que l'on y vit :

– La cité a changé mon regard, converti mon cœur. Je vois maintenant la beauté que me cachait la laideur. Vivre en cité, c'est apporter la paix, mettre l'amour comme moteur de la France et je sais maintenant que l'amour casse le communautarisme.

– On est une goutte d'eau, ajoute un troisième, mais une goutte, plusieurs gouttes, une flaque, on marche dedans, ça éclabousse.

Un quatrième renchérit :

– Et quand quelqu'un chante dans une église, toutes les pierres résonnent.

Et de conclure :

– On est une révolution silencieuse, la révolution de l'amour.

Cette générosité, cet enthousiasme qui forcent l'admiration sont aussi au cœur de l'engagement des responsables d'antenne. Ce sont le plus souvent des jeunes couples de moins de quarante ans, parents de jeunes enfants, qui ont lâché des jobs souvent très bien rémunérés pour donner à la cité trois ans ou plus de leur vie. Mesure-t-on les sacrifices que cela représente, en termes de finances, de confort, d'éloignement des amis et de la famille ? Il nous a semblé que cette abnégation était particulièrement admirable chez les épouses des responsables : souvent très diplômées, elles ont lâché des postes à responsabilité pour mener une vie beaucoup plus ordinaire et effacée aux côtés de leur époux et se retrouvent femmes au foyer, dans des logements parfois exigus ou malcommodes, sans y avoir été préparées et dans un isolement qui peut être mal vécu. Et quand c'est l'épouse qui prend la responsabilité de l'antenne, ce n'est pas plus facile pour le mari !

Et cette générosité est contagieuse ! Aux Mureaux, nous avons vu débarquer dans la vie du Rocher pour y apporter sa fraîcheur, sa joie et son enthousiasme un jeune couple, lui ingénieur, elle professeur d'histoire. Ils avaient décidé de quitter le monde trop homogène et un peu factice à leur goût de leur environnement versaillais pour vivre en HLM dans la cité tout en gardant leurs activités professionnelles. Ils offraient presque tout leur temps libre à l'association comme bénévoles en cité. Nous avons connu aussi un couple de cinquantenaires qui ont vendu leur maison située dans une banlieue cossue pour venir habiter aux portes de la cité. Ils complétaient par leur présence permanente l'action ponctuelle des volontaires de passage. Ils apportaient par leurs belles qualités un surcroît de générosité à celle des volontaires. Ils initiaient, par leur expérience, des parcours d'accompagnement qu'eux seuls pouvaient conduire par leur positionnement proche et distant à la fois. Quelle énergie nous les avons vus consacrer à débloquer une relation, à mettre de l'huile dans les rouages d'une situation compliquée !

Pierre, avec ses certitudes de « mec » et ses raccourcis masculins, dit qu'il y a en France 1 500 quartiers difficiles, soit 30 000 à 50 000 cages d'escalier. Donc, c'est simple, il y a certainement 30 000 à 50 000 familles des beaux quartiers, une par cage, qui accepteraient d'oser la rencontre pour bâtir la civilisation de l'amour ! La goutte d'eau du Rocher peut faire tache d'huile.

La contagion que nous espérons, c'est celle-là. Loin, très loin des peurs de l'autre qui tuent la vie sociale ! Pour Pierre, c'est de l'Espérance, pas de l'optimisme. L'optimisme, c'est croire que la situation va s'arranger. L'Espérance, c'est savoir qu'elle va s'arranger pour peu qu'on agisse, même bien pauvrement.

Seniors en cité

À Nîmes, c'est une célibataire retraitée de 75 ans qui a décidé de lâcher le confort d'une retraite bien méritée pour venir habiter en cité et y épauler l'antenne. Par ailleurs à ce jour, en nous comptant, trois couples de seniors ont tenté l'aventure. Il en faudrait beaucoup plus ! Car des cheveux blancs en cité rassurent et apaisent et il est des confidences ou des accompagnements que seule l'expérience de l'âge permet. Pour chacun de ces couples néanmoins, franchir le pas n'a pas été facile !

Le premier couple habitait une ville du sud de la France où réside une très nombreuse population d'origine maghrébine. L'épouse, qui est la bonté même, ne supportait plus d'aller en ville parce qu'elle ne se sentait plus chez elle et qu'elle avait peur. Trop, c'est trop. Elle n'arrivait pas à admettre qu'on puisse continuer à recevoir tant d'immigrés. Aussi, lorsque Le Rocher demande à son mari de prendre des responsabilités dans l'association et d'aller vivre avec les habitants d'une cité, c'est surtout madame qu'il faut convaincre ! Dans un premier temps, cela lui paraît impensable ; elle refuse de tout son être. Elle accepte néanmoins de réfléchir avec son mari aux raisons objectives qu'ils auraient de refuser. En trois mois, ils n'en trouvent aucune. Ils acceptent donc de tenter l'aventure. Au début de leur installation dans une cité de la région parisienne, ils ont peur de traverser la rue. Puis très vite, prenant son courage à deux mains, l'épouse fait un tour au marché. Là, elle est comme bouleversée par l'amitié que lui offre immédiatement une Algérienne inconnue qui le lui fait visiter, la présente aux maraîchers et lui avance même l'argent qu'elle a oublié de prendre chez elle. L'attitude de cette femme l'a immédiatement guérie de ses appréhensions et lui a ouvert le cœur : il faut entendre aujourd'hui avec quelle affection elle parle des habitants de ce quartier qui lui semblait tellement hostile !

Le deuxième couple habitait tout près de la cité et, de ce fait, tous deux avaient rencontré un certain nombre de volontaires ou de salariés du Rocher qui leur ont proposé de venir donner un coup de main. Ils l'ont fait très volontiers et ont consacré quelques moments de leur temps libre à l'aide aux devoirs, à l'accompagnement des femmes et des jeunes, au bricolage et aux réparations des locaux. Et arrive ce qui devait arriver, Le Rocher leur demande de venir carrément habiter dans la cité. L'épouse prend alors peur. Elle a un chat et pense, *ipso facto*, qu'il ne survivra pas à une telle expérience. Pensez, mêler son chat aux chats de la cité ? Pas question. Et puis le bon sens a repris le dessus et eux aussi ont dit oui. Depuis, leur chat va très bien. Cette histoire de chat nous a fait bien rire !

Le troisième couple a mis longtemps à accepter de venir vivre en cité. Eux aussi ressentaient une sorte de répulsion à l'idée de vivre dans un monde musulman. Et puis, ils ont considéré que le responsable de l'équipe du Rocher était bien seul pour la mission et qu'il fallait peut-être aller lui donner un coup de main. Alors, malgré leur peur, ils ont dit oui. La chape de plomb qui obstruait leur regard est immédiatement tombée.

En ce qui nous concerne, quand Pierre, enthousiaste, m'a proposé d'aller habiter en cité, j'ai dit non de toutes les fibres de mon être. Pour moi, la cité était un monde de laideur avec du béton, peu d'arbres, de la tristesse. C'est vraiment d'abord cette idée de laideur qui m'angoissait. Aller y vivre me semblait au-dessus de mes forces. Il m'a fallu plus de dix ans pour accepter. Et une journée pour aimer.

Sortir de son confort

Pendant notre dernière année à Nîmes, Le Rocher nous a demandé de venir témoigner devant un public de retraités de la beauté de l'engagement en cité. L'objectif était de susciter des vocations de seniors à rejoindre les équipes. Nous arrivons un soir au lieu de notre témoignage qui doit débuter à 20 h 30. Mais là, erreur de casting, le public est un peu plus âgé que nous ne l'imaginions. Pour preuve, trois dames assises au premier rang se mettent à dormir du sommeil du juste à peine nos premiers mots prononcés. Aussi modifions-nous notre présentation et au lieu de dire : « Venez au Rocher vivre en cité », nous leur servons du : « Faites dans votre quartier ce que Le Rocher fait en cité. » En effet, il nous semble évident que ce que nous avons découvert en cité avec Le Rocher n'est pas l'apanage de celle-ci. Au-delà de nos quartiers sensibles, combien de villes, de villages, de lieux où la sociabilité a disparu ? Où l'indifférence l'emporte ? Où les relations de bon voisinage n'existent plus ? Où les uns ne savent plus vivre avec les autres ? Combien de fois avons-nous pensé, dans nos tournées de porte-à-porte, qu'il faudrait aussi les faire dans les rues, les maisons et les immeubles d'Aix-en-Provence, de Neuilly, du Touquet ou de Megève ! Il est frappant de voir ce que les Gilets jaunes ont retrouvé en occupant les ronds-points et les carrefours : des relations, une convivialité disparue, une entraide qu'ils pensaient définitivement abandonnée aux mains des services sociaux. Nos sociétés individualistes ont mis à mal la vie sociale. Les centres commerciaux, les téléphones portables, les jeux vidéo ont claquemuré chacun dans sa bulle. « Moi, je suis tranquille chez moi, je n'embête pas les voisins, et les voisins m'embêtent pas ! » Cette phrase, entendue parfois en cité, a, ailleurs, remplacé la devise républicaine de la fraternité aux frontons de nos relâchements progressifs. Mais reste enfouie une immense soif de vie sociale.

Alors, en regardant ce que Le Rocher fait en cité, nous nous demandons ce qui serait transposable ailleurs : sourire et dire bonjour en croisant quelqu'un dans la rue ? C'est le b.a.-ba ! Faire du porte-à-porte ? On peut le tenter n'importe où, sonner et engager la conversation comme voisins du quartier. Ça ne paraît pas bien compliqué ! Organiser un café de voisinage ? Pourquoi pas ? Monter un café de rue sur une place de marché ? Qu'est-ce qui l'empêche ? La liste est longue de toutes ces petites actions aisées à réaliser. En ajoutant l'imagination de chacun, elle peut s'étendre à l'infini. Au fond, ce que fait Le Rocher, c'est à la portée de chacun, dans toutes les villes, dans tous les quartiers, dans toutes les campagnes. Comme le relevait une jeune volontaire :

– Vivre en cité, ça aide à changer le cœur de nos amis, de nos parents, de tous ceux qui ne sont pas dans la cité.

C'est ainsi que notre engagement a interpellé certains de nos amis, comme ce couple de Lyon tenté de venir vivre en cité. Après discernement, ils se rendent compte que ce n'est pas le moment mais leur désir d'« aller aux périphéries » leur fait prendre conscience qu'il y a au pied de leur immeuble un mendiant à qui ils n'ont jamais adressé la parole. Notre amie décide de se faire violence et de ne plus détourner son regard et, le lendemain en partant travailler, elle s'arrête pour engager la conversation avec lui. Elle noue alors avec lui un contact quotidien et amical pendant une quinzaine de jours puis doit partir en déplacement pour trois jours, ce qu'elle ne lui dit pas. Le lendemain de son retour, en la voyant, il pousse un soupir de soulagement :

– Ah, vous êtes revenue, lui dit-il, je me suis fait beaucoup de souci pour vous. J'avais peur qu'il vous soit arrivé quelque chose ou que vous soyez malade.

Notre amie est bouleversée par la sollicitude du marginal et par l'importance qu'a prise pour lui leur court échange quotidien. Les périphéries peuvent être au pied de chez nous, et par indifférence ou mauvaise volonté, nous ne les voyons même pas!

Que sont nos amis devenus?

Nous n'oublions pas pour autant les visages que nous avons croisés et appris à aimer. Nous essayons d'avoir des nouvelles des uns ou des autres par les équipes qui nous ont succédé. Quelques-uns nous passent un coup de fil de temps en temps et nous-mêmes n'hésitons pas à appeler ceux qui nous furent les plus proches. Avec Nadia nous avons régulièrement de longs échanges téléphoniques qui commencent par les mêmes lamentations:

– J'te jure, je vis plus depuis que tu nous as quittés.

Notre départ dans une autre cité l'a peinée et elle nous donne fidèlement des nouvelles du quartier qui durent un moment car elle est au courant de tout! Elle nous dit un jour qu'Aziz vient de sortir de la prison où il est retourné presque trois ans:

– Il est complètement barbu maintenant, le *qamis*, la mosquée, la prière, jamais content que les jeunes ne prient pas et font mal le ramadan. Avant il rigolait, maintenant il ne rigole plus et il a le regard noir et méchant.

Elle pense qu'il continue à gérer le trafic et elle est sûre qu'il s'est fait retourner en prison par les barbus. Elle craint beaucoup que son fils ne prenne le même chemin. Effectivement à ce moment-là, son fils Mourad est lui-même en prison :

– Il passe le bonjour à Pierre et grand merci pour le livre qu'il a bien reçu, il est bien content et il le lit beaucoup.

Pierre lui avait envoyé une bande dessinée sur Jeanne d'Arc et se demandait comment le garçon avait pris ce cadeau. Nous sommes très heureux que son intérêt pour la Pucelle d'Orléans n'ait pas faibli ! Que faire lorsqu'il sortira de prison ? Pour l'instant, sa mère nous dit que son séjour est prolongé. Elle nous parle d'une policière, une « *khalita zitouna* » (prononcer : « rrrralita » – olive noire), qui serait amoureuse de Mourad et lui aurait procuré, le pauvre ça n'est pas de sa faute, cinq (!) téléphones mobiles :

– Mourad, il n'a pas de chance. La police de la prison a trouvé les téléphones et le juge lui a donné cinq mois en plus.

Pauvre Mourad qui continue à s'embrouiller et à embrouiller sa mère ! Mais tout est grâce puisque, après quatorze mois de prison, nous recevons un nouvel appel téléphonique de Nadia, rayonnante à sa voix :

– *Aya* monsieur Pierre, j'ai des bonnes nouvelles. Ça y est, *hamdoulilah*, j'ai gagné le permis de conduire ! Huit fois que je le passe. Toujours je donne le mauvais coup de volant, jamais je fais un bon créneau. Là, direct l'inspecteur me l'a donné. Il m'a dit : « Madame, vous conduisez très bien ! »

Nous nous esbaudissons avec elle et la félicitons de sa ténacité et elle ajoute la cerise qu'elle gardait pour la fin :

– Mourad est revenu, finie la prison, merci mon Dieu, *hamdoulilah*.

Au téléphone encore, nous avons des nouvelles d'Abdoulaye quelques mois après que nous l'avons perdu de vue. Il est toujours accompagné par des amis bénévoles qui ne le lâchent pas. Cela nous réjouit car malgré l'éloignement, nous pensons souvent à lui. Nous espérons qu'il avance vers une vie plus calme et plus apaisée. Vers la vie dont il rêve sans arriver à en prendre le chemin. Certains moments passés avec lui ont été douloureux, certains autres ont été lumineux. Nous savons que ce garçon a en lui des trésors et notre certitude est que sa route est éclairée de toutes les rencontres que Le Rocher lui a donné de vivre. Il y a peu de temps, il a écrit à la responsable d'antenne des Mureaux une lettre pour demander pardon pour tout ce qu'il avait pu faire de mal aux membres du Rocher. C'est une démarche qui a dû beaucoup lui coûter et qui reste pour nous incroyable.

Aux dernières nouvelles, le grand jeune des contraventions à répétition, Ahmed, sorti de prison, a trouvé la force de s'en sortir. Il s'est marié et a eu une petite fille, signe de sa volonté de retrouver une vie paisible.

En revanche, son copain Géo est parti au pays (ou au *jihad*?), PS est retourné en prison, avec, au cœur, son bébé qu'il ne peut pas voir, un ami de leur bande est mort écrasé au fond d'une nuit glauque de règlements de comptes… Triste litanie heureusement trouée de lumière qui nous incite à ne jamais désespérer de quelque situation que ce soit!

Chers grands jeunes! Avant d'être grands jeunes, vous avez été enfants puis adolescents. Nombreux, trop nombreux, vous avez pâti de l'absence de père, de violences familiales, d'échecs scolaires, d'échecs affectifs. Mais quand on réussit à percer votre carapace, même si elle est dure, quand votre cœur se dénude, on découvre en vous une belle soif d'absolu et un immense besoin d'être aimés. Nous avons pu faire un bout de chemin avec quelques-uns d'entre vous. Nous avons essayé de vous aimer. Peut-être avons-nous planté quelques graines d'espérance en votre cœur ? Peut-être qu'avec celles que Valmond, Montand, Julie, et tant d'autres ont plantées, elles germeront un jour ? Chacune de vos victoires, si petite soit-elle, est une victoire pour nous. Chacun de vos succès ancre en nous la certitude que votre âme d'enfant renaîtra un jour des décombres de vos vies. Enfants de notre cœur, vos regards manquent à la Lumière mais, en nous, la petite fille Espérance continue inlassablement à nous aider à croire en vous. Il nous aura fallu cinq ans pour accepter d'être des « serviteurs inutiles » et pour comprendre la phrase de Montand, notre premier responsable d'antenne : « On n'est pas là pour être efficaces, ni pour le résultat. On est là pour être ! Et pour aimer ! »

Chères femmes des cités

Pour moi, ce sont les rencontres avec les femmes et leur capacité à affronter les difficultés de la vie qui m'ont marquée. Confrontées à des situations douloureuses, là où beaucoup d'hommes s'évaderaient dans l'alcool ou la fuite, elles font face et elles luttent. Elles donnent la vie et la défendent. Elles restent les colonnes vertébrales des cités qui, sans elles, tomberaient dans la barbarie. Elles sont souvent usées, fatiguées, lasses mais leur courage et leur abnégation sont contagieux. Dans la rue, dans le porte-à-porte, en visite à domicile, au café des femmes, elles m'ont offert leur sourire et leur confiance avec une spontanéité qui n'a pas fini de m'émouvoir. De nos rencontres sont nées des amitiés fulgurantes et durables. Elles ont illuminé mon séjour en cité. En les quittant, je mesure tout ce qui nous a réunies : les joies de conversations informelles et les confidences plus personnelles, les découvertes culinaires et les gourmandises dégustées, les menus bricolages et le travail de la terre au jardin partagé, les sorties culturelles et les vacances familiales, le souci de l'éducation des enfants et les charges familiales.

Des images me reviennent : l'une d'elles, Asma, émue par le théâtre de Marie-Antoinette à Trianon, avouant « avoir des frissons et envie de pleurer » devant tant de beauté.

Une autre, Bisma, qui, dans la vie quotidienne, ne laisse à nu que son visage et ses mains, s'allégeant de plusieurs couches de vêtements et retroussant manches et pantalon pour patauger en baie de Somme à la recherche de coquillages, avec un plaisir manifestement jubilatoire !

Une troisième, Fathia, femme de devoir toute donnée à sa famille, avouant s'autoriser à prendre du temps pour elle pour essayer d'apprendre enfin à lire et à écrire : et elle y réussit !

Et c'est peut-être dans la peine que les liens se sont faits les plus forts : j'emporte dans mon cœur le magnifique sourire de Nour, grisée par le vent de mer de la baie de Saint-Malo et serrant sur son cœur ses deux garçons un peu affolés par le roulis. Moins de six mois après, à 32 ans, elle s'envolait brutalement pour l'au-delà, victime d'une crise cardiaque. Je repense aux propos de l'imam lors de la prière rituelle sur son cercueil à la mosquée : il rappelait que nous ne connaissions ni le jour ni l'heure et qu'il fallait en conséquence mener une vie droite pour être prêt à quitter cette Terre à tout moment. L'essentiel, ajoutait-il, étant moins la pratique extérieure que la conformité de nos actes avec nos valeurs. Des propos qu'on aurait pu retrouver identiques lors d'un prêche d'enterrement à l'église ! Petite Nour, si sensible et si démunie devant les difficultés que la vie ne t'avait pas épargnées, je ne t'oublierai jamais, comme je n'oublierai pas ta généreuse et courageuse maman qui a offert à tes garçons un nouveau foyer plein d'amour et qui, depuis ton départ, m'est devenue particulièrement chère.

Fadna, une autre amie marocaine, terrassée par la perte brutale de son fils et de deux petits-enfants, a vécu cette terrible tragédie avec un courage et une dignité exemplaires. Je revois son mari, musulman lui aussi, m'ouvrant la porte, le visage baigné de larmes et me demandant de prier pour lui :

– Il n'y a plus que cela à faire, m'a-t-il dit dans un sanglot.

Comment peut-on survivre à une pareille épreuve ? J'ai revu mon amie récemment et admiré sa volonté de reprendre une vie normale, et de se donner aux autres : elle reconnaît avoir eu la chance d'être allée à l'école. À l'époque, ses connaissances et compétences la plaçaient largement au-dessus des autres, notamment en français. Elle est aujourd'hui devenue l'assistante de Marie, une bénévole qui a lancé les cours de français au Rocher et est dépassée par leur succès. Ce qui m'émeut aussi, c'est de savoir qu'une autre bénévole du Rocher lui a ouvert la porte de sa maison de Normandie et la reçoit avec son mari et les deux fils qui lui restent pour des week-ends et des vacances de belle convivialité.

Ce qui m'a touchée aussi et me rend pleine d'espoir, c'est la solidarité qui est née spontanément des liens tissés au café des femmes. L'une des plus assidues était une jeune femme d'origine sénégalaise de moins de 40 ans, victime il y a quelques années d'un AVC qui l'a laissée hémiplégique. Elle était aide-soignante mais n'a pas pu reprendre son travail et il lui a fallu tout réapprendre : à marcher, et cela reste difficile avec la moitié droite du corps paralysée, à parler, à lire... Non seulement certaines bénévoles reviennent en cité pour lui proposer un moment de convivialité chez elle ou la pousser à sortir pour une balade, mais d'autres femmes du café des femmes, d'origine ethnique ou de religion différentes, ont pris spontanément le relais du Rocher pour l'aider à faire ses courses, l'entourer et la stimuler, notamment pendant les vacances. C'est ça, Le Rocher : pas seulement des équipes qui passent, pas seulement des bénévoles qui donnent de leur temps, mais avant tout des habitants qui, à leur mesure et à leur manière, apprennent à sortir de leurs réflexes de repli au sein de leur communauté et à tisser de forts liens d'amitié par la rencontre avec l'autre.

Et comment ne pas parler de mes amies bénévoles ? Venues une fois « pour voir », elles sont revenues souvent. Je peux dire que ce sont elles qui portent la continuité du travail du Rocher. Les volontaires passent, les responsables passent, elles sont toujours là, dévouées, aimantes, attentives, joyeuses. Que de belles amitiés elles tissent ! Combien de moments lumineux de partages avons-nous eus ! Et, pour moi, le plus sidérant, c'est leur capacité à s'assimiler aux équipes sans qu'elles bénéficient de l'expérience que donne la vie en appartement au cœur de la cité. Merci à chacune pour la belle fidélité de son engagement.

Et pour vraiment comprendre que le fait de « vivre avec » et d'« oser la rencontre » fait tomber les barrières, je me souviendrai toujours des confidences de Zohra, lors d'un café des femmes. Elle nous expliquait qu'avant Le Rocher, elle avait peur des autres, peur des voisins, peur d'être attaquée, peur pour ses enfants :

– Il n'y a pas que les habitants du dehors de la cité qui ont peur, nous précisait-elle. Nous, on a plein de peurs et on a toutes peur de sortir de la cité, peur du regard des autres et peur des Blancs. Si on porte le voile, ils nous regardent bizarrement et on se sent jugées.

Ces peurs sont attisées parfois par les propos de certains qui poussent à la haine de la France ou par les exemples de démêlés, vrais ou supposés, avec l'administration ou la police, ou encore par l'environnement politico-médiatique bien prompt à pointer du doigt le méchant Blanc raciste, xénophobe ou islamophobe, ou enfin par certains hommes ou partis politiques qui jouent un peu trop avec la peur de l'autre. Dès la première rencontre avec les jeunes volontaires du Rocher, les peurs de Zohra sont tombées. Depuis, elle est une infatigable apôtre de la rencontre et de l'ouverture à l'autre.

Et que dire d'une autre amie du Rocher qui, femme de la cité, comme Zohra, avait ses idées toutes faites sur l'autre et qui, comme Zohra, a rencontré Le Rocher? Un jour elle est partie à La Mecque pour le *hajj*, pèlerinage que tout musulman doit faire une fois dans sa vie. Arrivée là-bas, elle a voulu parler du Rocher pour raconter ce qu'il s'y fait de beau et ce qu'elle y vivait. Elle a été fermement empêchée de le faire et, du coup, dégoûtée de ne pouvoir témoigner, elle a avancé son retour en France sans terminer son pèlerinage. Quand on sait l'importance du *hajj* dans la vie d'un croyant musulman et le coût d'un déplacement à La Mecque qui implique d'énormes sacrifices et plusieurs années d'économies, son témoignage prend une force singulière !

En quittant nos chères cités, j'emporte des photos où se mêlent des femmes « en cheveux » habillées à l'occidentale, qu'elles soient de la cité ou d'ailleurs, et des femmes couvertes des pieds à la tête d'étoffes souvent sombres, avec des couleurs de peau qui vont de la plus sombre à la plus claire. Avec certaines, je garderai des liens réguliers par téléphone, et j'en reverrai avec beaucoup de joie quelques autres lors de mes passages aux Mureaux, à Rillieux ou à Nîmes. Elles sont pour moi la réalité d'une humanité en voie d'unité.

Qui donne reçoit

En quittant notre vie aixoise, nous pensions naïvement que nous allions transformer la cité. Aujourd'hui nous ignorons les fruits de ce que nous avons peut-être semé. Mais ce à quoi nous ne nous attendions pas, c'est que nous avons beaucoup plus reçu que donné !

Nous avons vécu une nouvelle lune de miel et nous avons appris à nous aimer davantage.

Nous avons vécu cinq années avec de jeunes volontaires pleins d'enthousiasme, auprès de responsables d'antenne dont l'incroyable générosité a été pour nous contagieuse, avec des bénévoles à la fidélité exemplaire.

Nous avons vécu entourés d'enfants magnifiques, aux sourires désarmants, qui nous ont aimés et considérés un peu comme leurs grands-parents.

Nous avons salué nos voisins et avons parlé, souri, mangé, pleuré, ri, partagé avec eux. Ce sont eux qui nous ont appris ce qu'était l'accueil inconditionnel de l'autre. Grâce à eux, nous avons découvert et appris la joie de la rencontre et de l'accueil sans limite, même s'il dérange et bouscule.

Nous avons rencontré de nombreux élus, de nombreux fonctionnaires et de nombreux « acteurs de terrain » et avons mieux compris les raisons des difficultés des cités et réalisé qu'« oser la rencontre » est une chance à saisir.

Nous avons progressé en disponibilité et en ouverture de cœur.

Nous avons forgé, en équipe, avec les habitants des cités que nous aurions pu ne jamais rencontrer, une belle fraternité que les épreuves n'ont pas estompée.

Nous avons le sentiment de rentrer enrichis de toutes les rencontres improbables que nous avons faites et d'avoir grandi en humanité.

Nous n'oublierons jamais ce que nous avons reçu de la cité!

Où que nous soyons, nous reproduirons le meilleur de ce qu'elle nous a donné.

Où que nous soyons, nous oserons la rencontre pour qu'elle produise en plénitude ses effets de joie, d'espérance et de paix.

Où que nous soyons, nous n'oublierons jamais les habitants des cités, ces rois et ces reines que nous avons essayé de servir.

Merci à eux pour tout ce qu'ils nous ont donné, merci pour toutes les heures qu'ils nous ont consacrées, merci pour la gentillesse avec laquelle ils nous ont accueillis et acceptés, merci pour les mille attentions qu'ils ont eues pour nous.

Merci pour la joie reçue, pour toutes ces familles très belles rencontrées au gré de nos porte-à-porte, merci pour les sourires des enfants débordant de vie, merci pour les moments de vraie rencontre, pour tous les cœur-à-cœur que la Providence a permis.

Nous étions venus pour aimer, nous avons un peu appris à aimer mais c'est surtout nous qui avons été aimés.

Table

OSEZ NOUS RENCONTRER :

@osezlacite

Chazerans Pierre

e-mail : chazeransi@gmail.com

Dépôt légal : janvier 2021
IMPRIMÉ EN FRANCE

Achevé d'imprimer le 4 janvier 2021
sur les presses de l'imprimerie *La Source d'Or*
63200 RIOM
Imprimeur n° 22183

Dans le cadre de sa politique de développement durable,
La Source d'Or a été référencée IMPRIM'VERT
par son organisme consulaire de tutelle.
Cet ouvrage est imprimé - pour l'intérieur -
sur papier bouffant Munken Print White 80 g
provenant de la gestion durable des forêts.